社会学と過ごす一週間

ソシオロジスト編集委員会編

学 文 社

この本を手にしている皆さんへ

「社会学って何ですか？」　「どんなことが勉強できますか？」

大学生や高校生からこんな質問をされることがあります．
いったい社会学ってどんなことが勉強できる学問なんでしょう？
この本は，そんな疑問を持つ皆さんのためにつくられたものです．

この本は，3つのオープニングストーリーからできています．
登場人物は，私たちの周りにときどきいるような高校生，大学生，社会人の3人です．それぞれのストーリーには，3人がどんな平日，週末，休日をすごしているかが描かれています．

社会学ってどんな勉強ができるんでしょう？
社会学とは，私たちの毎日の生活にどんなカラクリが潜んでいるのかを探りあてる学問です．3つのオープニングストーリーには，私たちが過ごす一週間をテーマに「社会学する」ヒントが隠されています．この本を手がかりに，あなたもちょっと社会学してみてはいかがでしょう．

では，まずは本を開いて，気に入ったストーリーをみつけてみてください．
気になるヒントがあったら，その章から読み始めてみると良いでしょう．この本は，どこからどんな順番で読んでも大丈夫なようにできています．

どうですか？　何か面白い話が見つかりましたか？
　2003年3月

ソシオロジスト編集委員会

目　次

PART I　Weekday　アイさんの場合

第1章　クラスルームで学ぶこと ──教育社会学入門── ……………4
1　不思議なテスト……6
2　学校の不思議……8
3　なぜ人は勉強にかりたてられるのか……10
4　クラスルームの構造がいじめを作る？……13
5　男の子／女の子は学校で作られる？……15

第2章　正しいお箸の使い方 ──知識社会学入門── ……………21
1　内容の知識と方法の知識……22
2　知識は力である……23
3　人並みであること……25
4　人に差をつけること……28
5　表現としてのマナー……30
6　方法の知識は身体で覚える……33

第3章　ふつうの家族って何？ ──家族の人類学入門── …………38
1　家族それぞれ……38
2　変化する家族……39
3　家族のかたちはさまざま……42
4　見方を変える……49

第4章　バリアフリーの社会とは ──社会問題論入門── …………51
1　からだのバリアフリー……53
2　高齢者とバリアフリー……57
3　ことばのバリアフリー……61
4　こころのバリアフリー……63

PART II　Weekend　ダイスケさんの場合

第5章　百貨店(デパート)とバイト ——社会階層論入門—— ……………………72
1　バイトって，何？……72
2　「社会階層」の視点……77
3　百貨店と社会階層……81
4　社会階層と若者たちの進路……83

第6章　バラエティを読む ——メディア・リテラシー入門—— …………87
1　番組のジャンルとバラエティ……87
2　バラエティ番組の定義……89
3　バラエティ番組を研究する……91
4　バラエティ番組を分析する……94
5　『ここがヘンだよ日本人』を分析する……96
6　テレビバラエティを読み解くリテラシー……102

第7章　男と女の〈涙〉 ——感情とジェンダーの社会学入門—— ………105
1　セックスとジェンダーとセクシュアリティ，そして感情と涙……106
2　〈涙〉の流し方　その1……109
3　〈涙〉の流し方　その2……114

第8章　ファッション ——ポップカルチャーの社会学入門—— …………126
1　〈トーク1〉ダイスケとユウカ（自宅篇）……126
2　〈フットノート1〉ダイスケとユウカ（自宅篇）で社会学しよう！……127
3　〈トーク2〉リナとダイスケ（南青山篇）……131
4　〈フットノート2〉リナとダイスケ（南青山篇）で社会学しよう！……133
5　〈トーク3〉ユウカとサヤカ（お台場篇）……135
6　〈フットノート3〉ユウカとサヤカ（お台場篇）で社会学しよう！……136

PARTIII　Holiday　カオリさんの場合

第 9 章　番組制作の現場から ──ドキュメンタリー研究入門── ………146
　　1　情報番組・ドキュメンタリー・バラエティ……147
　　2　番組制作のプロセス……150
　　3　ロケ取材の実際……152

第10章　「美しさ」を感じる技法(メチエ) ──芸術社会学入門── ………………160
　　1　「趣味」：仲間探しのきっかけ？……161
　　2　趣味にも良し悪しがある？……162
　　3　美術館はどんな所か？……166
　　4　私たちは美術館で何を観ているのか？……171

第11章　東京ぶらぶらフィールドワーク ──都市社会学入門── ………174
　　1　渋谷のヒミツ：地下の水脈……174
　　2　代官山のヒミツ：空中庭園……179
　　3　またまた代官山のヒミツ：お菓子の森……185

第12章　異文化へのまなざし ──文化人類学入門── ……………………191
　　1　地図に描かれる世界……192
　　2　エスノセントリズム……194
　　3　文化とは何か……195
　　4　他者とは誰か……197
　　5　「族」と「人」……199
　　6　異文化へのまなざし……202
　　7　フィールドワークという方法……204
　　8　フィールドでの出来事……205
　　9　異文化理解……207

社会学と過ごす一週間

Part I
Weekday
アイさんの場合

〈オープニングストーリー〉

　17歳，高校3年生です．部活はこの前の大会で引退しました．受験ですか？　部活が終わってからは，本格的に意識し始めるようになりましたよ．友だちの中には夏休み明けにある大学推薦枠のテスト(⇨第1章)を受けるって子もいます．
　平日の一日はというと，朝起きて着替えて家をとびだしてくって感じでしょうか．朝食はほとんどパンかじる(⇨第2章)程度ですね．朝はたいていテレビがついてるんですけど，その時計をみながら動くって感じかな．学校は電車で家から30分くらいのところにあります．帰りは塾がなければクラスの友だちと一緒に帰ることが多いですね．一緒に駅ビルの中ふらふらしてみたり，マックでおしゃべりしてから帰ることもありますよ．いちおう受験生なんですけどね．
　家族(⇨第3章)は両親と妹，それから祖父母の6人です．あ，こないだ家建て替えたばかりなんですよ．前のは母が子どもの頃から住んでいた家で，祖父母のこともあってバリアフリー(⇨第4章)とかいうやつにしたんです．中学生の妹とはそれなりに仲良いですよ．一緒にテレビみてバカ笑いしてる時もありますし，最近は人生相談とかにものってあげたりすることもありますし．

第1章
クラスルームで学ぶこと
―― 教育社会学入門 ――

　学校生活の中で一番楽しかった思い出は何ですか？　修学旅行，部活，それとも友達とのおしゃべりでしょうか？　では辛かった思い出は？　友達とのケンカ，先生に理解してもらえなかったこと，あるいは「テスト」だという人もいるかもしれませんね．

　さて，アイさんをはじめ皆さんも，これまで学校の中でくりかえし「テスト」というものを経験してきたことでしょう．でも，「テストが大好きだ」「楽しかった」という人はあまりいないでしょうね．

　それでは，私たちにすっかり「お馴染み」となったこのテストというもの，いったい何のためにするのでしょうね．頭の良さを測るため？　それとも，どのくらい勉強したかをチェックするためでしょうか？

　実は，テストで発揮される「力」は，その人の頭の良さや頑張って勉強した結果だけではないことが知られています．それでは，試しにこの本を読んでいるあなたも，小学生や中学生に戻ったつもりで一度右ページのテストをやってみて下さい．

　さてどうでしょう．難しかったですか．ではこのテストでは皆さんのもっているどんな「力」がわかったことになるのでしょう[1]．

---

[1] このテストは，筑波大学の教育社会学研究室に所属する学校社会学研究会〔研究代表：山村賢明〕の人たちが作成したものを若干改編したものです．より詳しくは文献リストの瀬戸（1983）論文の掲載されている報告書を参考にして下さい．

社会科テスト

問1　次のことがらはいつ起こりましたか．正しいものに○をつけなさい．

(1) 鎌倉幕府が開かれた．
　　1．1192年　　　　　2．1232年　　　　　3．1268年

(2) 関が原の戦いがあった．
　　1．16世紀終わり　　2．1600年代　　　　3．今から約400年前

(3) 第二次世界大戦が終わった．
　　1．1792年　　　　　2．1868年　　　　　3．1931年

問2　次の二つの文を読み，正しいほうの文の（　）に○をつけなさい．

(1) （　）鎖国を始めたのは徳川家康である．
　　（　）鎖国を始めたのは豊臣秀吉である．

(2) （　）ヴェルサイユ宮殿を建てたのはルイ14世である．
　　（　）ヴェルサイユ宮殿を建てたのは大工である．

1 ** 不思議なテスト ── テストでは何が測られているのか？──

　実はこのテストは普通のテストではありません．このテストはもともと筑波大学の教育社会学研究室の人たちが考え出したものですが，その中にはいくつものトリックが隠されています．解いていくうちに「なんだか変だな？」と気づいた人もいるかもしれませんね．

　それではまず，答えあわせをしてみましょう．まず問1ですが，(1)鎌倉幕府が開かれたのは，1192年．答えは選択肢「1」です．「1192つくろう鎌倉幕府」と暗記した人もいるかもしれませんね．では続けて，(2)はどうでしょう．関が原の戦いがあったのは1600年ちょうどと習いました．そうすると答えは選択肢「2」のようです．でも，ちょっと待って下さい．正解はそれだけでしょうか．

　選択肢「1」をみて下さい．「16世紀終わり」とありますね．1600年といえば，ギリギリで16世紀の終わり．ということはこの選択肢も「正解」となります．では選択肢「3」はどうでしょうか．「今から約400年前」，今から400年前というと，だいたい1600年ちょっとあたりになります．ということは，これも正解といって良いようです．これはいったい，どういうことなのでしょうか．

　おそらくこの本を読んでいるほとんどの人は，選択肢問題をみて自動的に，「正解はひとつだけ」と思いこんでいたのではないでしょうか．その思い込みこそが，皆さんがこのトリックに引っかかった原因なのです．もう一度，問題文をよく読んでみて下さい．「問1　次のことがらはいつ起こりましたか．正しいものに〇をつけなさい」とありますね．「正しいものに〇」とは書いてありますが，「正しいものひとつに〇」とは書いてありませんよ．つまり，正しいものがたくさんあったら，その数だけ〇をつければ良かったのです．

　なお，(3)は(2)とは反対のトリックを仕掛けたものです．第2次世界大戦が終

了したのは正しくは 1945 年ですが，ここには正しい選択肢はありません．そもそもの問題は「正しいものに○」ですから，正しいものがなければどこにも○をつけなければ良いわけです．

どうでしょう．皆さんの中で(2)の選択肢全部に正しく○をつけられた人はどのくらいいたでしょうか．あるいは，(3)でどこにも○をつけないでいられた人は……．

大学生にこの問題を出してみると，だいたい(2)では選択肢「2」に○が集中し，(3)はダメモトで年代の近そうな選択肢「3」を選ぶ人が多いようです．この不思議なテストを考えた筑波大学の学校社会学研究会の人たちが小学 6 年生と中学 1 年生に実験したところ，やはり同じような傾向がみられたということでした[2]（瀬戸 1983：54-55）．つまり，すでに小学生の頃から私たちは，テストで出された選択肢問題をみると，「そこにひとつだけあるはずの正解を探そう」としてしまっているというわけです．

これは，私たちが学校に入学して以来，何度も繰り返しテストを受け続けてきた結果，知らないうちに身につけてしまった「力」といえます．筑波大学の人たちは，こうした力の背景には，私たちが「問題形式が前提する知識」というものを学んでしまったことがあるといいます．「選択問題が出たら，中からひとつ正解をみつければよい」というのがその具体的な例です．実際に皆さんも，テストや入学試験の時に答えがわからなくても，消去法で「ありえない」選択肢を落としていったり，まったく答えがわからなくても，ダメモトで選択肢をひとつ選んだりして点数を稼いだ経験はないでしょうか．

私たちはテストを受けている時，気づかないうちにこの能力を使って問題を解いているのです．そう，テストの点数は，なにも私たちの頭の良さや，ど

---

2) 筑波大学の学校社会学研究会の人たちによると，複数の正しい答えが並んでいる場合，生徒たちはその中でもっとも限定性の高い選択肢（「○○世紀のいつごろ」よりは「○○年」など）を選び，正しい答えがひとつもない場合は，正解にもっとも（年号が）近い選択肢を選ぶことが多いということです．

くらい勉強を頑張ったかだけで決まるものではありません．初めにトリックつきの社会科テストを皆さんに試してもらったのは，こうした「知らないうちに身についてしまった能力」の存在を皆さんに気づいてもらいたかったからなのです．

2 ** 学校の不思議
―― 学校で教えてくれること／学校で教えてくれないこと ――

さて，冒頭のテストにはもうひとつ問題がありました．問2です．「次の二つの文を読み，正しいほうの文の（ ）に○をつけなさい．」とありますが，ここでもまた奇妙な感覚に襲われた人がいるのではないでしょうか．

(1)についてはそれほど問題なく解答できます．鎖国を始めたのは徳川家康ですから，上のほうの文章を選んで○をつければ良いわけです．では，(2)はどうでしょうか．「ヴェルサイユ宮殿を建てたのはルイ14世である」，これは確かにそのとおり．歴史の教科書に書かれていたのはこういう「事実」でした．しかしもうひとつの文章，「ヴェルサイユ宮殿を建てたのは大工である」……これはいったいどう考えれば良いのでしょうか．歴史の教科書にはそんなこと書いてありませんでしたよね．でも，よくよく考えてみると，ルイ14世ほどの偉い人が，自ら大きな石材を運んであの広大な宮殿を建てたはずがありません．ということは，むしろ「大工が作った」という文章のほうが正しく思えてきたりもします．さて，どちらが正解なのでしょうか．

もし皆さんが小，中学生で，今まさに社会科のテストを受けている最中だとしたら，たいてい「変だなぁ～」と思いつつも「大工」ではなくて「ルイ14世」のほうに○をつけるのではないでしょうか．なぜならそれが「テスト」だから，皆さんは「テストの答えとしてふさわしい」ほうを選ぼうとするわけです．ちなみにこのトリックも先に紹介した筑波大学の人たちが考え出したものですが，小中学生のほとんどは教科書に書かれているとおりの選択肢を選んだということでした（瀬戸 1983：58-59）．

そう，私たちはテストを受けている時に，同時にそのテストが何の科目であり，「何を答えるように期待されているか」を自然に読み取りながら答えを導いているのです．筑波大学の人たちはこれを「出題者の意図を解釈する技術」(瀬戸 1983：60) と呼んでいます．これもまた，私たちが学校生活を通じて知らないうちに身につけてしまった「力」といえるでしょう．

さて，私たちが知っている知識や身に付けている技術には，学校で教わることだけでなく，学校では教えてくれないこともあります[3]．しかしながら，テストの点数や通信簿の成績に圧倒的に有利に働くのは学校で教わる知識や技術の方です．数学の公式をいかにたくさん習得するか．理科の教科書に載っている化学記号をいかにたくさん覚えるか．あるいは英単語や歴史の年号をいかにたくさん暗記するか……誰もが一度は必死になったことではないかと思います．学校は，こうした学校で教える知識（「教育的知識」と呼びます）に一種の権威を与えるという，隠れた働きももっています．私たちには，学校で教えられたからこそ，その中身がなんであれ，それがなんだか重要な知識のように信じ込まされてしまう部分があるのです．

でも，普段の生活を生きていく中で，あるいは友達同士で仲良くやっていく中では，時には学校では教えてくれないような知識をたくさんもっていたほうが重要なこともありますね（こちらは「日常的知識」と呼ばれることもあります）．昔の子どもであれば，虫を採るのが上手だったり，鳥の名前をたくさん知っていたりすること，今であればCDをたくさんもっていたり，ゲームの攻略法をたくさん知っていたりすることだったりするのでしょうか．もう少し大人であれば，どの食材をどの季節に食べるのが一番美味しいのか（＝旬なのか）．あるいは海にどんな波がたっていると船を出してはいけないのか……など．こうした日常の世界で必要とされていることとはまったく別の次元で「重要な知識」と

---

3) 知識については，第2章を参照して下さい．

いうものを作り出してしまう学校というものは，ある意味とても不思議な空間だともいえるでしょう．[4)]

3 ** なぜ人は勉強にかりたてられるのか ――学歴社会の自己監視――

　テストで測ることができる「力」は，本当の能力ではないのかもしれない……ここまでの話を読んで，こう感じた人は少なくないのではないでしょうか．そうなのです．実はテストで良い点をとれるということは，100％その人の頭の良さや努力の結果を反映したものではありません．それは高校や大学の入学試験でも同じことでしょう．

　では，そんなテストや受験に私たちが必死になってしまうのはなぜでしょうか．勉強を頑張れば，より良い将来が待っていると考えるからでしょうか．今苦しんでおけば，あとで楽な生活が送れると思うからでしょうか．それとも逆に，今人生の選択を間違えると，将来の生活は保証されないかもしれないといった危機感が原因でしょうか．

　一度選んだ人生のコースが，将来にわたってその人の人生に影響しつづけることを，教育社会学の世界では「トラッキング」と呼んでいます．ちょうど陸上のトラック競技で，スタートからゴールまでコース変更ができないルールで競走している時のことをイメージしてもらうとわかりやすいでしょう．正式には「セパレートコース」というのだそうですが，スタート時点でインコースあるいはアウトコースについた走者は，ゴールまでそのコースを変えることができないというあのルールです．大学生に聞いてみると，こうしたトラッキング的な人生観，勉強観を家族の人や学校の先生がいうのを耳にしていたという人は今でも結構いるようです．

---

4) この他にも学校の不思議は考えていくとたくさんあってつきることがありません．興味がある人には，苅谷剛彦『学校って何だろう？』講談社　1998年，をお薦めします．

しかし，本当に勉強をがんばれば明るい未来が待っているのでしょうか．確かに，勉強して成績をあげればあげるほど，より難しい学校や大学に入学する可能性は広がるかもしれません．ですが，それがその後の人生にどういった意味をもつというのでしょう．

皆さんは，「学歴社会」という言葉を聞いたことがないでしょうか．日本は学歴社会だから，がんばって勉強して少しでも良い学歴を身につけることが重要だ，と私たちは考えてしまったりします．さらにいえば今日の日本社会において学歴社会という言葉は，しばしばそれのもつ弊害とセットで語られることが少なくありません．たとえば，「学歴社会が子どもの心のゆとりをなくしている」「日本経済が悪いのは，企業がもっぱら学歴だけみて人を雇用してきたからだ」などなどです．私たちのもつ「学歴社会」のイメージは，マイナスのものであることがほとんどでしょう．

でもちょっと待って下さい．日本は本当に学歴社会といえるのでしょうか．「学歴社会」という言葉の正確な定義をまとめてみると，大学を卒業したこと，あるいはどんな大学を卒業したかということが，その人の就職先や出世の可能性，あるいは生涯賃金などに影響する度合いが，他の要因（たとえば「どんな家に生まれたか」など）と比べて著しく大きな影響をもっている社会，ということになります．[5]

実は，このような正確な定義でとらえてみると，先進諸国は軒並み「学歴社会」であるといえるのです．さらに，国際比較をしてみると，日本よりもアメリカやイギリスのほうが，学歴がその人の一生に与える影響が大きいこともわかっています．[6]

それではなぜ私たちは，事実に反して日本が著しく学歴に左右された社会で

---

5) 仕事と社会については，第5章を参照して下さい．
6) 苅谷剛彦『大衆教育社会のゆくえ』中公新書 1995年，では，このことについて石田浩（1989）が国際比較をしたデータが紹介されています．苅谷はこの本の中で，日本は学歴社会というよりも，みんなが教育熱にあおられた「大衆教育社会」であると指摘しています．

あるという錯覚を起こしてしまうのでしょう．ある研究者は，こうした錯覚が生み出される原因は，私たちが経験してきた高校や大学受験のシステムが，いわゆる「偏差値」と呼ばれる目にみえやすい数値によってランキングされていて，そのわずかな数値の差異によって合／不合格の可能性を探るようにできているところにあるのではないかと指摘しています．そのシステムの上にのせられた私たちは，「もう少し頑張ればもう少し上のランクの学校に行けるかも」「油断すると，今は合格圏の学校に行けなくなるかも」等の期待や不安にあおられるようになります．わずかな点数の変動に一喜一憂しているうちに，「大学に行くこと」そのものよりも「点数を上げること」や「偏差値を上げること」が主目的になってしまい，よくその意味を問わないままに「とにかく学歴を獲得することが重要だ」と思い込まされているのだというのです（竹内 1995：100-110）．

　ミシェル・フーコーというフランスの哲学者がいます．フーコーは『監獄の誕生』という著書の中で「パノプティコン（一望監視施設）」という囚人監視システムについて触れています．中央に監視人室を設け，その周りを取り巻くように囚人の独房を配置し，ちょっとした視覚のトリックを施すと，監視人は囚人たちに自らの姿をみられることなく囚人が何をしているか（脱獄しようとしていないか）を，監視することができます．一方，囚人たちは監視人がどちらをみているのか，その部屋の中に監視人がいるのかいないのかさえ確認することができません．そのうち囚人たちは，自分が常に監視人によって監視されているかのような錯覚に陥り，結果的に自らの心の中に作り上げた「他者の視線」によって自分自身を律することになるとフーコーは述べています（フーコー 1977）．

　このようなパノプティコン的なシステムは近代社会のさまざまな箇所にみら

7）以下の話に興味がある人は，竹内洋『日本のメリトクラシー』東京大学出版会　1995年，がお勧めです．

図1　パノプティコンの概略図

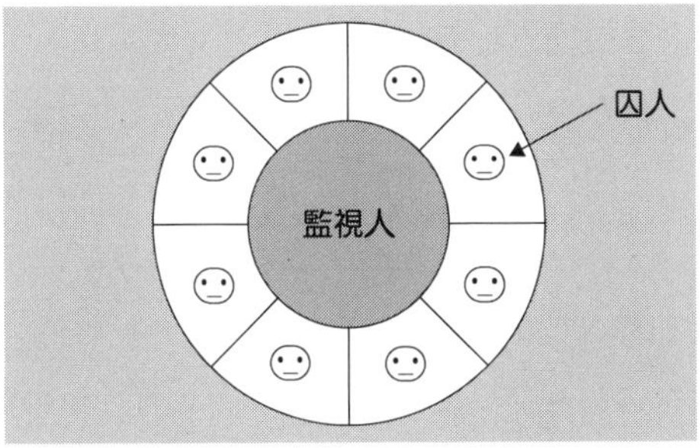

視覚のトリックによって，独房に入れられた囚人は中央の部屋にいるはずの監視人の存在を自分の目では確認できない

れることが知られていますが，細かな偏差値によってランクづけされた日本の高校受験，大学受験のシステムもまた，受験生が自らのおかれている学力上の位置を監視しやすいパノプティコン的なシステムとなっているのではないかと考えられるといいます（竹内 1995：110-115）．すなわち，受験競争を過熱させ，あたかもその背景に学歴社会ニッポンが隠れているかのような認識を私たちに植えつけているのは，社会システム上のトリックなのだということなのです．

4** クラスルームの構造がいじめを作る？

さて，以上みてきたように，社会の仕組み（システム）がある形をとっていることが，私たちの中に特定の心理状況や現実認識を生み出すことがあります．それは受験のシステムだけでなく，学校の仕組み（システム）にもいえることです．普段，私たちが当たり前のことのように考えてきたことの中には，学校で作り出された「当たり前」もあるといわれたら，あなたはどう思いますか．

皆さんの中にはいじめ問題に関心がある人も多いでしょう．いじめはなぜ起こると思いますか？　日本社会が同質性を強く求めるからでしょうか．それとも，今の子どもはストレスだらけの日常を送っているからでしょうか．[8]

ここで面白い話を紹介しましょう．ゼミの時間に大学生に聞いてみると，ほとんどの学生は「大学にはいじめがない」と答えてくれます．大学で会う友だちは毎日変わるし，誰かをいじめようという気にもならないというのです．

　ところが，だんだん聞いていくうちに，何十人かに一人くらいの割合で「ウチのサークルではいじめみたいなことがないわけではない」という人が出てきます．さらに詳しく聞いてみると，どうやらサークル活動がそれなりに熱心で，お互いが頻繁に顔を合わせていて，サークル内に何らかの競争原理（大会に出場する選手だとか演奏パートだとかを部員間で争わざるをえない原理）がある時に，いじめに似たことが発生するケースがあるようなのです．

　実はこの話，いじめの発生要因を考える上で重要な手がかりを与えてくれます．いじめは日本に限らずどの国にもみられる現象なのですが，日本と諸外国の小中学校における学年別いじめ発生件数を比較してみると，諸外国では小学生，それも低学年ほど多く発生しているケースが多いのに対し，日本のいじめは中学生，それも中学1，2年生に多いところが特徴だというのです（酒井1999：7-16）．最近，研究者の間では，日本でこの年齢段階にいじめが多発する背景には，小学校から中学校にかけての人間関係の固定化があるのではないかという指摘がされています[9]．

　皆さんも中学校に入学したばかりのころを思い出してみるとわかると思いますが，小学生から中学生にかけて，私たちの一日は，学校で過ごす時間が著しく長くなります．これは，授業時間が長くなったり部活動が始まったりするからなのですが，その一方で，小学生までにとられていたクラス担任制は教科担任制に変わり，教師と生徒との距離が急に広がるのもこの時期の特徴です．つまり，この時期，中学生たちは，親や教師のような異世代の人たちとの交流機

8）以下で紹介する話の他にいじめ現象について勉強してみたい人は，森田洋司・清水賢二『いじめ──教室の病』金子書房　1994年，を参考にして下さい．
9）以下で紹介する話は，酒井朗「中学生になることのむずかしさ」苅谷剛彦他編『教育の社会学』有斐閣アルマ　1999年　24-34ページ，に詳しくあります．

会が閉ざされる一方で，同世代の，それも自分とせいぜい1，2歳しか年齢差のない人たちのみとの，きわめて濃い人間関係を築き上げているわけなのです（酒井 1999：28-31）．

中学1，2年生といえば思春期にあたります．先に紹介したいじめの日本的特徴をみて，この時期，子どもたちが心理的に不安定な時期にさしかかることがいじめを多発させているのだろうか，と思った人もいるかもしれません．でも，この頃に思春期を迎えるのは万国共通ですし，日本以外の国ではもっと幼い時期のほうがいじめの発生件数が多いということを考えると，心の不安定さをいじめの原因と考えるのは早急すぎるように思います．また，受験のストレスが原因では，と考えた人もいるかもしれませんが，高校受験が原因であれば，むしろ中学3年生により多く発生すべきことがらのはずです．つまり，いじめの発生に関連するのは，人間関係の緊密性や流動性だといえるのです．

先に，大学生といじめについて紹介しましたが，大学生の場合も，緊密な人間関係が形成されている集団内では稀にいじめに似たことが発生しているようでした．どうやらいじめは，人間関係が固定化しがちな場所だと発生しやすいといえそうです．実は大人社会にもいじめはありますし，映画などをみても，寄宿舎生活や軍隊など，人間関係が緊密なところでいじめが起こっていることがわかるでしょう．すなわち，日本の中学1，2年生の間で急にいじめが増えている原因は，この時期，子どもたちが緊密で固定的な人間関係を作り上げざるをえないようなクラスルームの構造に，突然さらされることにこそあるといえるのです．

5 ** 男の子／女の子は学校で作られる？

さて，最後にもうひとつ，私たちがきわめて「自然のこと」と考えていることがらの中に，学校が作り出した「常識」が含まれていることを指摘しましょう．

皆さんは毎日の授業で誰の隣に座りますか．あなたが高校生ならば席が初めから決まっているかもしれませんね．では，大学のように自由に席を選択できる場合はどうでしょう．

図2をみて下さい．これはある日，私の指導するゼミで学生たちがどのように席に座るかをみていた時の結果です．ここでは男子学生と女子学生の座った位置を色分けしてありますが，よくみると，自由に席を選択することができるはずの大学生たちが，実際にはとても「不自由に」席を選択していることがわかります．そう，男子学生と女子学生の座る位置は，ほぼはっきりと分かれているのです．ここで私が，たまたまそういう日を選んで皆さんに紹介しているというわけではありません．実際のところ同じような現象は，ほとんどの大学で日常的にみられる光景であるようです．

さて，大学生たちはなぜ，こんな不思議な席の座り方をしてしまうのでしょうか．実は，このように「男」と「女」の2つのグループに分かれて座るべきであるという暗黙のルールのようなものは，学校教育を通じて伝達されたものではないかと考えられているのです．

ちなみに，幼稚園に入ったばかりの子どもたちを，先生が男女別のグループに分けようとすると，自分がどちらのグループに行くべきかがよくわからなくて，女の子の集団に混じってしまう男の子や男の子の集団に混じってしまう女の子が出てくるそうです．そんな時，先生は「○○ちゃんは男の子ですから

図2　大学生の座席とり

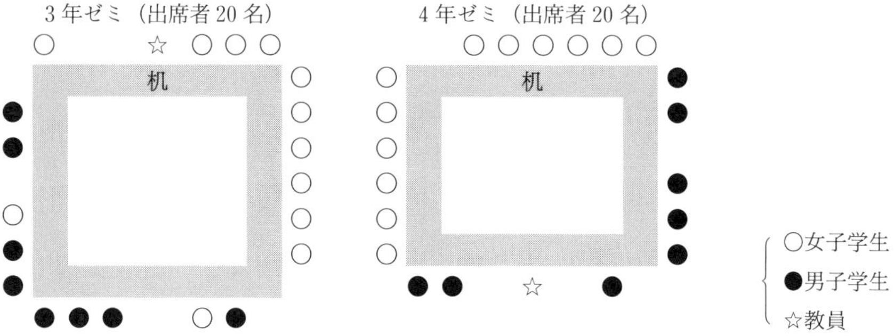

ね」「女の子ですからね」と「正しい」集団に連れて行くわけですが，こうした経験の積み重ねが子どもたちの性別認識を強化したり，あるいは世の中の人間は男の子と女の子の集団に分けることができる／分かれなければならないという認識を生み出してしまったりしているのではないかと指摘されています[10]．すなわちこれもまた，私たちが知らないうちに身につけてしまった「常識」だといえるのです．

　興味深いのは，なにもここで先生たちが子どもたちの性アイデンティティや「男の子らしさ」や「女の子らしさ」を習得させようとしているわけではないということです．このように，教師がそのことを意識したり目的としたりしてないにもかかわらず，知らず知らずのうちに生徒たちに伝わってしまう知識のことを，専門用語では「かくれたカリキュラム[11]」と呼んでいますが，「男の子と女の子は別れて座らなければならない」という知識も，このかくれたカリキュラムのひとつといえるのです．

　実は学校は，生徒を男女に分けて指導する機会がとても多い場であることが知られています．しかも，とりわけ男女別に分ける理由がない場面でも，しばしばその分類は使われているようなのです[12]．ところで，そもそもなぜ生徒を分けなければならないのでしょうか．その主たる理由のひとつには，「クラスルームの秩序を守るため」というものがあります．一人の先生がクラスにいる多数の生徒を仕切るのはなかなか難しいことなのです．そんな時，生徒たちをいくつかの小グループに分けたほうが先生にとって指導がしやすくなる場合があ

---

10) 詳しくは，森繁男「幼児教育とジェンダー構成」竹内洋・徳岡秀雄編『教育現象の社会学』世界思想社　1995年　132-149ページ，を参照して下さい．
11) 学校の中で伝達される「かくれたカリキュラム」はこの他に，「チャイムがなったら席につく」「授業中は前を向いて座り，おとなしく先生の話を聞く」といったことなどがあります．
12) 集団を分ける方法には，生徒の能力にあわせた「能力別カテゴリー」（数学の理解度にあわせてクラスを分けて指導するなど），性別を手がかりにする「性別カテゴリー」（更衣室を男女に分けるなど），さらに何を基準にして分けても良い「ランダムカテゴリー」の3つがありますが，学校では，本来的にはランダムカテゴリーが使われても良い場面においても，性別カテゴリーが使われるケースが非常に多いと指摘されています（宮崎2000：66）．

ります．つまり，学校ではしばしば集団を統制する方法として「いくつかのグループに分ける」ことが行われているのですが，そんな時，先生が無意識的に使うのが「男の子」「女の子」という区分のようなのです．[13]

　ある研究者が，小学校の水泳実習中の先生に，「男の子」「女の子」という区分を使わないで授業をしてもらうようお願いしてみたところ，授業が進むうちに先生も生徒もかなり混乱し，その先生は授業を進めるのにずいぶん苦労してしまったという報告があります．[14] それくらい，「男女に分ける」ということは先生にとっても生徒にとっても当たり前のことになっていて，それによって「楽に授業が進められる」構造ができあがっているようです．

　さて，私たちが「男の子」「女の子」と分けられることに慣れきってしまった原因のひとつには，そもそも一人の教師が一度に指導しなければならない生徒の人数が多く，生徒をグループ分けして教室秩序を統制する必要があるからだといいました．実はもうひとつ，学校には重要なトリックが隠されているように思います．この章では最後に，このことを指摘して終わりにしたいと思います．

　皆さんの中で，小中学校のクラスルームの編成が，男女半分ずつで成り立っていることを疑問に思ったことのある人は少ないのではないでしょうか．ではなぜ，そうなっているのでしょう．こう聞かれて，「この世の中には『男』と『女』がいて，それぞれ半分ずつ存在しているからじゃないか」「それが自然な状態だからじゃないか」，と思った人も多いかもしれませんね．

---

13) 皆さんの中には，「分けて指導することくらいどうでもいいじゃん」と感じた人もいるかもしれません．それでは，もし学校の中で人種や民族，あるいは親の仕事や学歴によって座ることのできる席が異なっていたり，異なる指導法がとられていたりしたらどう思うでしょうか．分かれること，分けることがどういう意味をもつか．無邪気に見過ごしたり聞き流してはいけない問題がそこには潜んでいるのです．
14) 通常の授業より生徒の所属するグループを確認したり，グループからの逸脱を矯正したりする機会が多かったことが報告されています．詳しくは，宮崎あゆみ「学校における性別カテゴリー」亀田温子・舘かおる編『学校をジェンダー・フリーに』明石書店　2000年　59-77ページ，を参照して下さい．

でも，考えてみて下さい．世の中を見回してみると，男女が半々ずつ集まっている場所なんて，学校，それも小中学校くらいのものなのです．家庭，職場，地域社会，日本全体……どこをとり上げても，集団内の男女バランスは偏っていることがほとんどです．[15]

こう考えてみると，学校でことさら「性」というものが着目され，男女半分ずつ各クラスに配置しようと（実際にはそう上手くいかなくて，たいていのクラスは1人か2人，男子か女子が多いのですが）注意しながらクラス編成がなされているということ，一方で，その他に存在する無数の差異についてはまったく注意が向けられていないことは，よくよく考えてみるととても不思議なことではないでしょうか．[16]

さて，皆さんは，毎日いったい誰と一緒に並んだり座ったりしているのでしょうね．毎日の学校生活をふりかえってみてはどうでしょう．

(中西祐子)

参考文献
苅谷剛彦『大衆教育社会のゆくえ』中公新書　1995年
苅谷剛彦『学校って何だろう？』講談社　1998年
酒井朗「いじめ問題をどう捕らえるか」苅谷剛彦他編『教育の社会学』有斐閣アルマ　1999年
酒井朗「中学生になることのむずかしさ」苅谷剛彦他編『教育の社会学』有斐閣アルマ　1999年
瀬戸知也「テスト技術とテスト的思考」学校社会学研究会〔研究代表：山村賢明〕『受験体制をめぐる意識と行動』昭和57年度伊藤忠財団報告書　1983年

---

[15] そもそも日本全体の人口バランスをみても，男女が半々ずつ存在しているわけではありません．新生児の出生率は男児の方が若干高くなってますし，女性の方が長生きすることもあり，日本全体の人口をみると女性の方が多いのです．
[16] 人間を生物学的に男と女の2種類に分けること自体，現実にはとても困難なことであることも知られています．「性」については，第7章を参照して下さい．

竹内洋『日本のメリトクラシー』東京大学出版会　1995年

フーコー，M.『監獄の誕生』新潮社　1977（原著1975）年

宮崎あゆみ「学校における性別カテゴリー」亀田温子・舘かおる編『学校をジェンダー・フリーに』明石書店　2000年

森繁男「幼児教育とジェンダー構成」竹内洋・徳岡秀雄編『教育現象の社会学』世界思想社　1995年

森田洋司・清水賢二『いじめ——教室の病』金子書房　1994年

第2章
正しいお箸の使い方
──知識社会学入門──

　朝ご飯，どうしてますか？　もしかしたら時間がなくて，アイさんのようにパンをかじるだけなんていう人，さらには急いでコーヒーだけ流し込んでなんていう人，さらには食べてないなんていう人もいるかもしれませんね．そんな朝に，家の人からいわれたことないですか．「朝ご飯くらい，ちゃんと食べなさい」って．きっとアイさんも，毎朝のようにいわれてるんだと思いますよ．
　さて，この「ちゃんと食べる」っていったいどういうことなんでしょう？すぐ気がつくのは，コーヒーだけではなくてパンも，パンだけではなくてサラダもっていう意味で，つまり，いろんなものをたくさん食べるってことですね．たしかにコーヒーにパンをひとかじりだけじゃ午前中もたないですからね．
　でも，もうひとつ，この「ちゃんと食べる」の意味があるとは思いませんか？　それは，座って，テーブルについて，時間をかけて，落ち着いて，礼儀正しく食事をすること．そうなんです．「ちゃんと食べる」というのは，きちんとした態度で食卓に着くという，ご飯の食べ方のことでもあるんですね．だから，「朝ご飯くらい，ちゃんと食べなさい」っていうのは，もっと早くおきて，余裕をもってマナーを守ってご飯を食べなさい，っていう意味でもあるわけですよね．
　もちろん，これ，朝ご飯にかぎりません．お箸でお皿を引き寄せたり（寄せ箸），お箸を嘗めまわしたり（ねぶり箸），お箸でお椀の中をかき回したり（探り箸），ご飯にお箸を突き立てたり（突き立て箸），こんなことをしたときには，いつだって，やっぱり「ちゃんと食べなさい」といわれてしまうことでしょう．いってみれば，「ちゃんと食べる」というのは，正しくお箸を使うこと，つま

りは，正しいマナーで食事をすることでもあるわけです．

　この章では，この「正しくお箸を使うこと」，つまりは，正しいマナーや礼儀作法というものを手がかりにしながら，知識社会学と呼ばれる，知識を社会学的に考えるやり方を，ちょっとだけ紹介しようと思います．

1 ** 内容の知識と方法の知識

　え？　と思うかもしれませんね．「正しくお箸を使う」というマナーや礼儀作法が，知識とどんな関係があるのかって．まず，この疑問に応えることからはじめましょう．

　私たちが，知識という言葉でイメージしやすいのは，みたり聴いたり読んだりして，頭の中に覚えられ蓄えられているものごとのことでしょう．だから，「幅広い知識をもっている人」というのは，雑学から専門分野まで，いろんなものごとを頭の中に詰め込んで覚えている人のことをいうわけです．

　こういった種類の知識のことを，ギルバート・ライルという哲学者は，「内容の知識（knowing that）」と呼びました（ライル 1987：27）．たとえば，お箸についての内容の知識とは，"食事に使う細長い二本の棒のこと"，"中国が起源らしい"，"塗箸や割り箸などいろんなかたちがある"，"英語では chopsticks という"などなど，お箸について辞書や事典に書いてあるような内容のことを指すわけです．だから，この意味で，お箸についてよく知っている人というのは，お箸についてたくさんの情報をもっていて，うんちくをたれることができる人だということになるでしょう．

　これに対して，ライルは，もうひとつの種類の知識のかたちがあるというのです．これは，「方法の知識（knowing how）」と呼ばれ（ライル 1987：27），ものごとの内容ではなくて，やり方を知っているということです．お箸の例で考えれば，辞書や事典に書かれていることではなく，お箸の使い方を知っているということですね．だから，どんなにお箸についてのうんちくが豊富でも，じっ

さいにお箸を使えない人は，方法の知識をもっているとはいえません．じっさいにお箸を使うことができるということ，これが方法の知識をもっていることなのです．

　いくら学者がそういってるからといって，お箸の使い方を知識なんていっていいのかなあ，と不思議な気がするかもしれませんね．でも，考えてみれば，誰でも生まれたときからお箸を使えるわけではありません．成長していく中で，誉められたり怒られたりしながら，だんだんとお箸の使い方を学び，その技術をいつでも使えるように蓄えていくわけです．つまり，私たちは，お箸の使い方を，内容の知識と同じように，やはり覚えて蓄えていくわけです．この意味では，方法の知識もまた，内容の知識と同じように知識だといえるでしょう．だから，「正しくお箸を使うこと」に代表されるマナーや礼儀作法もまた，充分，知識の一部なのです．

2** 知識は力である

　さて，とりあえず，知識というものが，内容の知識と方法の知識とに分類できるということがわかったわけですが，もちろん，知識社会学がやりたいことは，こうした知識の分類だけではありません．知識社会学の本領は，こうした知識が，私たちの生活と，どんなふうに関係しているかを探ることなのです．

　私たちの普段の暮らしは，さまざまな知識に深く影響されています．たとえば，近年の携帯電話の爆発的な普及は，科学という内容の知識の発達がなければ考えられません．このような影響だけにかぎらず，知識をもっていたり，もっていなかったりすることが，人間関係に影響することもありますね．人の知らないようなことを知っているということは，それだけで，人より有利な立場にたてるからです．この意味で，内容の知識をもっていることは，力をもっていることでもあるのです．たとえば，医者や弁護士などの高度に専門化した内容の知識をもっている人には，私たちは社会的に高い地位を与え，この人たち

に権威を認めています．だから私たちは，しばしば，偉くなるために，勉強して専門的な内容の知識を獲得しようと思うわけですね．

　こんなふうに，内容の知識が，私たちの社会の中で，大きな影響力を発揮しているということは，比較的わかりやすいでしょう．それでは，方法の知識については，どうでしょうか？　もちろん，方法の知識もまた，私たちの生活に独特の影響を与えています．以下では，マナーや礼儀作法を例にしながら，この方法の知識が，私たちの暮らしの中で，どのようなはたらきをしているのか，少し詳しくみていきたいと思います．

　そこで，このための材料として，マナー本を取りあげてみたいと思います．ここでマナー本と呼ぶのは，その名のとおり，マナーや礼儀作法について書かれた本のことです．ちょっと大きな本屋さんにいってみれば，こういう本がところせましとならんだ書棚を必ずみつけることができるでしょう．マナー本の中では，たくさんの正しいマナーや礼儀作法が紹介されていると同時に，マナーや礼儀作法を身につけると，どんなに役にたつか，ということがくりかえし書かれています．これを手がかりに，私たちの暮らしの中でのマナーや礼儀作法のはたらきを考えていこうというわけです．

　さて，書店にたくさんならんだマナー本をよくよく眺めてみると，ある特徴がみてとれます．それは，マナー本の表紙やオビに書かれた宣伝コピーに，大きく分けて，2つの傾向があるということです．特徴的なものをあげてみましょう．

(a)「恥をかかない社会常識の詰め合わせ」（市田 2002：オビ）．
(b)「あなたはワンランク上のすてきなレディに変身できます．人と差がつくとっておきのイギリス式マナー満載」（佐藤 1999：オビ）．

　(a)のコピーがいっているのは，この本を読んでマナーを身につければ，あなたは恥をかかなくてすみますよ，つまり人並みにふるまえるようになります

よ，ということですね．これに対して，(b)では，この本を読んでマナーを身につければ，「人と差がつ」き，人並み以上に「変身でき」るといわれています．

ここからみてとれるのは，マナーや礼儀作法といった方法の知識は，一方では，自分を人並みの人間であると示す効果をもち，他方で，人に差を付けるという影響力をもっているらしいということです．それぞれについて，以下でもう少し詳しくみていくことにしましょう．

3** 人並みであること

さて，突然ですが，あなたは，友だちとおしゃべりしているときに，どうやって友だちの話を聞いていますか？「どうやって？」といわれても困ってしまうかもしれませんね．でも，ちょっと思いかえしてみて下さい．その話の節々で，あなたは，「へえー」「そうなんだー」「うそー」「ほんとにー」などなどの言葉をはさんではいませんか．こういう言葉をあいづちというのはご存じのとおりです．

ゴフマンという社会学者によれば，このあいづちのようなふるまいには，2つの機能があるのだそうです．ひとつは，相手を気遣っていることを示すこと，そしてもうひとつは，自分がちゃんとした人間だということを示すこと．

もし，友だちが話している間中，あなたがずーっと一言も発しないで黙っていたら，友だちはきっと，自分の話がおもしろくないんだと思ってへこんでしまうかもしれませんし，もしかしたら，なんで自分の話をちゃんと聴いてくれないんだと怒り出すかもしれません．つまり，あいづちは，あなたの話をちゃんと聴いていますよ，あなたのことをちゃんと気にしていますよ，ということを示すサインなのです．

興味深いのは，このあいづちは，相手を気遣っていることで，自分が相手に気遣いができるほどちゃんとした人間だということをも，同時に示していると

いうことです．何をいっても無反応で，人の話を聞いているんだかどうだかもわからないような人のことを，あなたはどう思うでしょうか．本当にその人が，話を理解しているかどうか別にして，きっとなんだか薄気味悪いへんなやつだなあ，などと思ってしまうのではないでしょうか．つまり，相手の話を聞いているサイン，相手を気遣っているサインを，うまく出すことができないと，私たちは，へんなやつ，だと思われてしまうかもしれないのです．そして，あいづちというのは，このように，自分がへんなやつではなく，相手にちゃんと気遣いのできる人並みの人間であることを示すためのサインでもあるのです．

マナー本の中に書かれている礼儀作法もまた，あいづちと同じような性質をもっています．マナー本の冒頭に出てくる決まり文句に，マナーは他人への思いやりだというものがあります．「マナーというと，つい堅苦しいもの，うるさい仕きたりととらえられがちですが，けっしてそうではありません．人と食事を楽しむためには，同席している人への思いやりとちょっとした気遣いが必要になってきます」（市川 2002：1）．「マナーの根源にあるのは，人や自然に対する敬意であり，思いやりの心です」（高橋書店 2002：11）．つまり，あいづちと同じように，マナーとは，まずは，相手に対して気を遣うことだというのです．

同時に，マナー本では，マナーや礼儀作法を知らず相手に気を遣うことができないとどうなるか，こんなふうに書かれています．

　人間関係のいろいろな場面で，ルールやマナーを知らずに，何をしても平気な顔でいる人がいますが，そのために後ろ指を指され，人柄や教養まで疑われたのでは大きな損失になります（岩下 1996：3）．

　未成年者であれば，マナーに反したふるまいをしても許されるかもしれませんが，社会人になればそうはいきません．「常識をわきまえない無教養な人」というレッテルを貼られ，そのマイナスイメージは長いことつきまとうことになります（高橋書店 2002：1）．

このように相手を気遣うのに失敗してしまうと，私たちは「人柄や教養まで疑われ」「常識をわきまえない無教養な人」とみなされてしまう，つまり，人並みの人間だと思ってもらえないのだというのです．つまり，逆にいえば，マナーや礼儀作法によって人に気を遣い，その場をスムーズにすすめていくということは，この気遣いをとおして，自分が相手に対して礼儀正しい気遣いができるほど常識をわきまえたちゃんとした人間であるということを相手にアピールし，それを認めてもらえていることになるというわけです．

　ゴフマンは，私たちは日常的に，このようにお互い相手に対して礼儀正しく気遣いあいながら暮らしていると考えて，こうした気遣いのやりとりのことを日常生活における儀礼と呼んでいます（ゴフマン 2002）．儀礼というのは，とりあえず，何か大事なものを守るために行われている型どおりのふるまい，だと思ってもらえばいいでしょう．では，ゴフマンのいう，この日常生活における儀礼が守っている大事なものとはなんでしょうか．ゴフマンは，これを，いわゆる面子というものだといいます．相手に対して礼儀正しくふるまうことによって相手の面子を立て，同時に，自分は礼儀正しくふるまえるんだということを相手に示して自分の面子を立てる．これをお互いにやり合うことで，お互いの面子を守っていく．ゴフマンは，私たちの日常生活が，こうした儀礼から成り立っていると考えたわけです．

　このようにマナーや礼儀作法というのは，まずは，相手の面子を立て，それによって自分の面子を立てるための一種の儀礼であるといえそうです．それは，あいづちと同じように，できて当たり前で，できないとその人の人柄が疑われてしまうような，ごくごく常識的な他人への気遣いの仕方であって，あまりに当たり前で常識的であるからこそ，それができないことが，人並み以下の人間だとみなされてしまうことにつながるというわけなのです．

4 ** 人に差をつけること

前節でみてきた，できて当たり前の人並みであることを示すためのものとは別に，マナー本の中では，もうひとつのマナーや礼儀作法が描かれています．

　自己表現が苦手で社内の人間関係に悩んでいたF子さん．今では思わず見とれる美しい立ち居ふるまいと，心からあふれる深い笑顔を身につけ，悩みも解消．転職希望が一休みしたのも束の間，秘書に抜擢され，今は毎日やりがいに満ちているそうです（上月 2001：11）．

　まず，あなたがワンランク上のマナーでふるまえばあなたはキチンとした女性として周囲から尊敬と羨望のまなざしの中にいつも身をおくことができます．知性のある女性としていつも大切にされ，エレガントで良識ある人たちが，あなたのまわりに集まってくるでしょう（佐藤 1999：3）．

こんなふうに描かれているマナーや礼儀作法は，けっして当たり前の常識的なものとはいえないでしょう．これは，自分を人並みにみせるためのマナーではなく，自分を人並み以上にみせるための，「ワンランク上の」マナーや礼儀作法です．数々のマナー本によれば，「思わず見とれる美しい立ち居ふるまい」としてのマナーや礼儀作法を身につけると，人間関係も仕事もうまくいくし，まわりから「尊敬と羨望」を得ることができる，のだそうです．つまり，マナーや礼儀作法とは，「人と差」をつけ「あなたを幸せにする究極の法則」なのだ（佐藤 1999：オビ）というのです．[1]

ブルデューという社会学者は，こうした，人に差をつけて自分を優位にみせようとするふるまいのことを「卓越化」と呼んでいます（ブルデュー 1990）．「卓越化」の原語はフランス語の"distinction"で，同じスペルの英語と同様，

「区別」という意味です。ブルデューは，人びとは，普段の生活の中で，お互いを"distinction"しあって暮らしているのだといいます。これは，ただ，区別しあっているというだけではなくて，自分を他人から区別して特別な位置におこうと躍起になっているのだというのです。"distinction"とは，いわば自分を他人の上方に区別しようとすること，つまり，自分を他人よりすぐれた（＝卓越した）ものだと認めてもらうようにすることなので，「卓越化」と訳されているわけです。

この卓越化のやり方には，いろいろあります。ブランドものの洋服を着たり，高名な外車に乗ったり，高級有名レストランで食事をしたりすることも，卓越化のやり方でしょう。さらには，こういったことがありふれてくると，逆に，わざとノーブランドの古着を着てみたり，知る人ぞ知るメーカーの車に乗り換えたり，口コミでしか伝わらない隠れた名店を探したり，より複雑な卓越化の戦略が出てきます。友だちと一緒にカラオケに行って，いまはやりの歌をすべて上手に唄いきってしまうというのも，一種の卓越化のやり方ですし，逆に，カラオケなんかには行かない，流行の歌は一切聴かない，聴くのは英国の70年代のロックだけ，というのも別の種類の卓越化のやり方になるわけですね。[2]

ブルデューは，このような，お互いに自分はふつうの人とは違う特別な存在なんだということをアピールしあうこと，いわば卓越化のぶつかり合いのこと

---

[1] ちょっと脇道にそれますが，マナー本には，対象を女性にしぼったものもたくさんあります。興味深いのは，この女性対象のマナー本の中で，「ワンランク上」のマナーや礼儀作法を身につけると幸せになれるということが，とくに強調されている傾向があるようだということです。このことは，もしかしたら，私たちが，女性をみられる対象と位置づけ，より厳しいマナーや礼儀作法を要求していることの反映といえるかもしれません。このように，ジェンダーという観点から，マナー本を読み解いていくこともできるでしょう。ジェンダーについては，第7章を参照して下さい。
[2] ブルデューは，こうした卓越化の戦略を，その人が属している階級との関係で論じています。つまり，階級ごとに独特の卓越化の戦略があると考えられているのです。ここでは，詳しく論じる余裕がないので，階級に関する議論は棚上げにして話をすすめます。興味のある方には，ブルデュー『ディスタンクシオン』(1990)やこの詳しい解説である石井洋二郎『差異と欲望』(1993)などがお薦めです。また，階級と深い関係にある階層については第5章を参照して下さい。

を象徴闘争と呼んでいます．もう，おわかりのとおり，マナー本に描かれている「ワンランク上の」マナーや礼儀作法は，自分を相手より優位において，相手から高い評価を得るための手法であって，まさにこの卓越化の手段，象徴闘争の道具だといえるでしょう．

5＊＊ 表現としてのマナー

　ここまでみてきたように，マナーや礼儀作法という方法の知識は，一方では，恥をかかずに人並みであることを示すために役立つといわれ，他方では，人に差をつけ人並み以上であることを示すのに効果的だともいわれています．

　もちろん，この2つの側面は，マナーや礼儀作法の中に別々に存在しているわけではありません．「箸先五分，長くて一寸」という言葉があります．これは，食事をするとき，お箸の先を一寸（3 cm）以上汚すことは不作法にあたり，五分（1.5 cm）ほどだけ使って食べるのが美しいという意味です．いわば，人並みであること（一寸）と人に差をつけること（五分）とを組み合わせた礼儀作法の表現だといえるでしょう．このように，マナーや礼儀作法の総体は，人並みであることと人に差をつけることの両方が組み合わさって作り上げられているといえそうです．

　そして，ここで重要なことは，マナーや礼儀作法というものが，いずれにしても他人に対する自分のアピールとしてはたらいているということです．礼儀正しい食事の仕方は，ただ食べ物を口に運ぶためだけのものではありません．むしろ，食べ物を口に運ぶのは二の次で，これをきっかけにして，人並みにせよ，人に差をつけるにせよ，どちらにしても自分を他人に表現するためにあるといってもよいくらいです．自分が人並みであることを示しあい，お互いの面子を保っていくやりとりのことをゴフマンは儀礼と呼びました．ブルデューは，人に差をつけて，自分がすぐれていることを示しあうことを象徴闘争と呼びました．いずれの場合も，自分の礼儀正しいふるまいという表現によって，相手

に対して特定の印象を与えようとする作業にはちがいありません．だから，マナーや礼儀作法とは，ゴフマンの言葉を借りれば，さまざまな自己提示のやり方で，印象操作を行うこと，といえるかもしれません．ここで操作される印象が，人並みの自分であったり，人に差をつけた自分だったりするのです．

　こうして，マナーや礼儀作法は，自分を表現するものであるとされていることがわかったと思います．さて，それでは，このマナーや礼儀作法は，自分の何を表現していることになっているのでしょう？　先に引用したマナー本では，マナーや礼儀作法を知らないと，疑われるのはその人の「人柄」だといわれていました（岩下 1996：3）．また，別のマナー本では，「マナーで重要なのは『形式』だけではなく，その奥に秘められた『心』」だともいわれています（上月 2001：126）．つまり，マナーや礼儀作法は，その人の人柄や奥底にある「心」を表現するものなのだそうです．心や人柄といえば，その人のアイデンティティの中心にあるようなもの，いわばその人の「本当の自分」だと思われているものでしょう．こうしてみると，どうやら，マナーや礼儀作法とは，その人の「本質」を表現するものだと，思われているようなのです．

　しかし，いったい，マナーや礼儀作法と，人のこの「本質」だと思われているものとは，どのように結びついているのでしょうか．

　私たちは，普通，それぞれの人間の中心には，その人らしさの核のようなものがあって，外見や見栄えがいくら変わっても，それだけはけっして変わることがない，と思っているようです．たとえば，この章の冒頭に登場したアイさんが生まれてから死ぬまでずっとアイさんであって，他の人になってしまわないのは，この本質的な部分が，はじめからおわりまで，ずーっと変わらずに同じだからだ，というわけです．だから，逆に，私たちは，自分も含めて，ある人間の中に，変わらずにはじめからずっとあるものをみつけることができれば，それがその人の本質だ，と思いがちであるわけです．

　だとすると，マナーや礼儀作法という方法の知識が，心や人柄という人の「本質」を表していると思われやすいのは，おそらく，この方法の知識が，そ

の人にはじめから自然に具わっていたものだとみなされやすいからだといえそうです．つまり，私たちは，マナーや礼儀作法といった方法の知識を，獲得されたものというより，はじめから自然に具わっていたものだとみなしやすいために，心や人柄という人の本質だと思われているものと結びつけて考えやすいといえるのではないでしょうか．

　このように考えると，マナー本の中で，しばしば，付け焼き刃のマナーに対して警鐘が鳴らされている理由もわかります．

　　ハウツー的マナー本を読みあさり，お作法の教室に通い，テレビでグルメ
　　番組を見て，雑誌でおしゃれ情報を集め，ブランド品を身につけるだけでは，
　　クラス〔＝気品〕のある，マナーの綺麗な人にはなれません（ラルファー宮澤
　　2001：4）．

　このようなこれ見よがしの生半可なマナーや礼儀作法は，かえって気品を失うことになりかねません．むしろ，それは本当は分不相応なのに，一生懸命背伸びをしている，見栄っ張りな心とがさつな人柄を表現していると思われてしまうのです．気品ある心や人柄を認めてもらうためには，気品あるマナーが，あたかもその人にもともと具わっていたかのように，あたかもその人の「本質」からにじみ出てくるかのように，自然なものになっていなくてはならないのです．だからこそ，マナー本の中では，「無批判にマナーを覚えようとするよりも……自分で考えながらひとつひとつのマナーを習得」すること（ラルファー宮澤2001：4），いわば，小手先のマナーではなく身についたマナーが求められているわけです．

　もちろん，マナーや礼儀作法は，けっしてはじめから身についているものではありません．それは，生活の中で，だんだんと獲得されてきた知識の一種にすぎません．だから，それが生まれつきの自然なものだと思ってしまうのは誤解です．ただ，マナーや礼儀作法にかぎらず，じつは方法の知識というのは，

このような誤解を招きやすい知識なのです．それでは，なぜ，方法の知識は，こんな誤解を招きやすいのでしょうか？ それは，方法の知識の覚え方に秘密があるのです．

6** 方法の知識は身体で覚える

　皆さんは，知識をどこで覚えていますか？ きっと，多くの人は，頭で，と応えることでしょうね．もちろん，そのとおりです．"お箸を英語でいうと？"という質問に対して，私たちは，頭の中を一生懸命探って"chopsticks"という単語を思い出し，言葉でそれを表現します．これは，お箸についての内容の知識のひとつですが，たしかに，こうした内容の知識は，頭で覚えていることでしょう．

　けれども，じつは，方法の知識は，覚えるところが違うのです．

　友人たちとスキーにいったことがあります．スキー初体験のぼくは，経験者の友人たちが，ちゃんと教えてくれるというのでついていったのです．ゲレンデに着いて，リフトに乗せられて，とにかくいちばん上まで連れて行かれて，先生役の友人たちに囲まれて，さあ練習です．「ボーゲンをするには」と友人たちはいいかけて，どうやら困ったようです．言葉で説明ができないようなのです．で，友人たちは，あきらめて，自分で滑ってみせて，「こうやるんだ」．これには困りました．こうやるんだといわれても，ぼくには，そうやるにはどうしたらいいのかがわからないのです．ぼくも困って，だからどうするの，と尋ねると何とか言葉にしてくれようとします．「膝を曲げて」「腰を落して」「足は八の字に」「身体の力を抜いて」．それぞれみんないうことが違うのです．おかげでぼくは，混乱してしまって，手足がバラバラで，ころんでばかり．あまりに覚えの悪い生徒に愛想を尽かしたのか，友人たちは，いつの間にか，ぼくをおいてきぼりにして，好き勝手に滑りはじめてしまいました．結局，ぼくは，これはもう骨が折れたに違いない，という体験をなんどかくりかえして，

体中雪だらけになりながら、やっとのことで下までおりていきました。おかげで、最後には、ボーゲンくらいは、おっかなびっくりなんとか滑れるようになったのでしたが。

　スキーの滑り方、というのは方法の知識ですね。こんな経験から考えてみると、どうやら方法の知識というのは、言葉にするのがとても難しいようです。そして、言葉にしてみたとしても、人によってその表現の仕方や、重点の置き方が、大きく違うことが多いようなのです。なぜ、こんなことがおきるのでしょうか。それは、方法の知識というのは、頭の中で覚えているのではなくて、身体で覚えているからなのです。

　頭の中にある内容の知識は、言葉のかたちをしています。だから、思い出すことは、即言葉で表現することでもあるのです。これに対して、方法の知識は、やり方を身体に身につけているという仕方で、覚えているものなのです。そして、身体は、運動としてこの知識を身につけているので、これはなかなか言葉に置き換わらないのです。

　皆さんも、たとえば、ご飯をお箸でつまむ方法を、言葉で説明してみて下さい。きっと、ぜんぜん言葉にならなくて、いらいらして、結局、やってみせた方がはやいと思うことでしょう。その意味では、ぼくのスキーの先生たちも、けっして不親切だったわけではないのです。そして、ぼくもまた、スキーの滑り方は、言葉ではなくて、じっさいに身体を動かしてみて、身体で覚えなければならなかったのです。だから、死にそうな思いをして、下まで一人でおりてきたとき、ぼくは、とにもかくにも、ボーゲンくらいは、なんとかできるようになっていました。ほんとうは、そのあと、何度も繰り返して滑っていれば、もっと上手に自然に、それこそお箸を使うのと同じくらい当たり前に、滑れるようになったかもしれません。じっさいは、あんまりころびすぎたので、いやになってしまって、あれ以来スキーをしていないのですけれど……。

　このように、方法の知識というのは、言葉のかたちをしておらず、何度も繰り返して身体に身につけて覚えるような知識なのです。ですから、いったんそ

れが身についてしまえば，あまりに自然で自動的なものになってしまうために，自分がそれを知っていることすらすっかり忘れ，それがあとから獲得された知識であることまで思い出しにくくなるわけです．スキーの滑り方が身についてしまっている人にとっては，滑れなかったとき，なにがどのようにできなかったのかを思い出すことは難しいでしょう．同じように，皆さんも，お箸を使えなかったときのことを思い出すことはできるでしょうか？　きっと，常日頃は，ちっとも思い出しもせず，お箸を使えることが，ごくごく当たり前で，自然で，お箸を使えなかったことなどなかったかのように暮らしているはずです．

　もちろん，スキーのように，特別で集中的な訓練が必要なことが明らかな方法の知識は，それが獲得された知識であることが比較的簡単に思い出されるかもしれません．しかし，とくに，正しいお箸の使い方をはじめとするマナーや礼儀作法のような日常的で身近な方法の知識は，その獲得が普段の生活の中でゆっくりと少しずつ行われていくために，それが獲得されたものであることがよけいに思い出されにくくなってしまいます．だから，それは，人にもともと具わっていたものだと思われやすく，それゆえに，人の「本質」だと思われているものに結びつきやすいというわけです．

　先ほど出てきたブルデューという社会学者は，あたかも生まれつき具わっていたかのように，あまりに自然で当たり前に身についていて，その人の「本質」を表していると思われるようになってしまっている方法の知識のことを「ハビトゥス」と呼んでいます．ブルデューがハビトゥスと呼ぶものの中には，マナーや礼儀作法などのふるまいの仕方だけではなく，趣味や嗜好なども含まれています[3]．何を美味しいと，すてきだと，興味深いと感じるか，何が重要であると，価値があると思えるか．趣味や嗜好などと呼ばれるのは，ものごとに対するこういった好みのことです．身についたふるまい方やものごとの好みは，

3）この趣味や嗜好に関わるブルデューの議論について，より詳しくは第10章を参照して下さい．

私たちにとって，自然で当たり前のことに思えます。和食を，美味しいと思いながら，お箸を上手に使って食べる．これを自分にとって自然で当たり前のことだと感じている人も多いことでしょう．「日本人だからやっぱり和食だよね」なんて声も聞こえてきそうです．

でも，知識についての社会学が教えてくれる大事なことは，こうした自然で当たり前のふるまい方やものごとの好みは，ある種の知識として，暮らしの中で学ばれ獲得されてきたものだということです．ちょっと，おかしないい方になりますが，私たちは，自分にとって自然であることを学んで身につけなくてはならないのです．そして，私たちが自然であると感じている多くのものが，このようにして暮らしの中で学ばれたことなのです．

だから，暮らしてきた環境が異なれば，身につけてきた知識も異なり，自然なふるまいも好みも違ってくることでしょう．ということは，もし私たちが，誰かのふるまいや好みを「不自然」だと感じたときこそ，知識社会学をするチャンスだといえるかもしれませんね．それは，その人が身につけてきた「自然な」知識について考えるのと同時に，それを不自然だと感じてしまう自分自身が身につけてきた「自然な」知識について考えるよいきっかけになるでしょうから．

（矢田部圭介）

参考文献
石井洋二郎『差異と欲望』新評論　1993 年
奥村隆編『社会学になにができるか』八千代出版　1997 年
奥村隆『他者といる技法——コミュニケーションの社会学』日本評論社　1998 年
ゴフマン，E.『行為と演技——日常生活における自己呈示』誠信書房　1974（原著 1959）年
ゴフマン，E.『スティグマの社会学——烙印を押されたアイデンティティ』せりか書房　1970（原著 1963）年
ゴフマン，E.『儀礼としての相互行為——対面行動の社会学（新訳版）』（叢書ウニベルシタス）法政大学出版局　2002（原著 1967）年

ブルデュー，P.『ディスタンクシオン——社会学的理性批判』藤原書店 1990（原著1979）年
ブルデュー，P.『実践感覚(1)(2)』みすず書房 1988-1999（原著1980）年
ブルデュー，P.『構造と実践』藤原書店 1988（原著1987）年
安川一編『ゴフマン世界の再構成——共在の技法と秩序』世界思想社 1991年
ライル，G.『心の概念』みすず書房 1987（原著1949）年

資　料

市川安夫『和食・洋食・中国料理のよくわかるテーブルマナーBOOK』旭屋出版 2002年
市田ひろみ『市田ひろみのできるひとはマナーを知っている』東京書籍 2002年
岩下宣子『完全ガイド　見てわかるマナー』大泉書店 1996年
岩下宣子『好感度アップのためのマナーブック』実業之日本社 2002年
上月マリア『選ばれるひとの麗人作法』主婦の友社 2001年
佐藤よし子『大切な人の心をつかむ上級マナー講座』リヨン社 1999年
高橋書店編集部編『知りたいことがすぐわかる　マナーBOOK』高橋書店 2002年
ラルファー宮澤啓子『セレブに学ぶ幸せのマナー入門』幻冬社 2001年

第3章

ふつうの家族って何？
――家族の人類学入門――

　アイさん―高校生17歳―の「家族」って，周りの友だちなんかの家をみても，祖父母が同居しているのを別にすれば，ごく「当たり前」の家族で，楽しそうに暮らしているらしく思われますよね．それでいいんですが，あなたはときどき当たり前とかふつうというのはどの程度のことなんだろうと，考えてしまうことがあるでしょう．

1 ** 家族それぞれ

　そこで，ストーリーをちょっとだけ書き直してみると，「家族は結婚した異性の親2人と妹，それからたぶん母方の祖父母の6人が一緒です．あ，こないだ家建て替えたばかりなんですよ．前のは母が子どもの頃から住んでいた家で，だから結婚して父が母の家に移り住んできて，祖父母のこともあって「バリアフリー」とかいうやつにしたんです．中学生の妹とはそれなりに仲良いですよ．一緒にテレビみてバカ笑いしてる時もありますし，最近は人生相談とかにものってあげたりすることもありますし」くらいになりそうだとの予想がつきます．さらに，そのときついでに部屋をひとつずつ造ってもらっちゃってるのではないか．そうだとしたら妹とあるいは親や祖父母とは，家に中のどこでどんなふうにしゃべったりしているのだろうか．両親は恋愛結婚だろうか．父の仕事は何だろう，単身赴任してないのか，母親はパートに出ているかな．この家に姉妹のどちらかが住み続けることが期待されているのか．じつはパラサイトシングルをねらっていたりして，とか，どんな表札が掛かっているんだろうか，お

盆にはどこかにお墓参りにいくのかもしれないといった具合に，さまざまに想像をふくらませることができます．

いいかえると，どこにでもある家族のようでもあり，いま付け加えたような部分が異なれば，それぞれに家族は独自の様子をみせているようにも受け取れるのです．

2 ** 変化する家族——どこと比べるか——

祖父母が同居していて，子どもの数も多く，結婚は見合いがふつうで，農業で暮らす家が相当数を占めていたという話は，戦前か少なくとも昭和30年代までの家族のこととしてしばしば語られてきました．それが高度経済成長の時期を経て最近のように変わってきたと説明するのは，経済社会変化というか一種の歴史的説明になります．日本の都会のサラリーマンの家庭を考えれば，現在の「ふつうの」家族は，だいたいが親子2世代で3人家族とされるのですが，これがかつてはどんな形態であったかを遡りながらみようとする見方です．[2]

もっともふつうに思われる家族の型は，結婚して独立の住居をかまえて，1人か2人の子どもがいる，そして，子どもが結婚すればやはり独立して離れてゆくという，親子だけで少人数の場合です．これは「核家族」といわれますが，もともとは社会学の術語であったものが一般的な言葉として広く用いられるようになりました．それに対し，「嫁をもらった」息子が父親のもとに同居し，子どもができて3世代で暮らす型は，「直系家族」と呼ばれます．この2つの家族の型がどのくらいの割合を占めるかを国勢調査でみてみると，1920（大正9）年では，ごくおおまかな数字でいうと核家族54％，直系家族が31％で，

---

1) 独身のまま親の世帯で暮らし，経済的に楽で，きままな生活を続ける社会人．山田昌弘の『パラサイト・シングルの時代』（ちくま新書，1999年）で用いられた語．
2) 以下，家族をめぐる気分や感情についてはほとんど触れません．感情という論点については，第7章を参照して下さい．

1990（平成2）年には，核家族62％，直系家族13％となっていて，さらに単身者の世帯が増大しているのが特徴です．80年以上前でも思ったより核家族の割合が高く，祖父母のいる家はそれほど多くはないと考えられそうですね．でも，本当にそう受けとっていいのでしょうか．これは家族をどうとらえるかに関していろいろの側面を論じなければならない問題です．少なくとも，調査の方法，当時の法律制度，当時の人びとができれば実現したいと望んでいた家族の型はなにかについても調べてみなければなりませんし，この種の調査では家族が時間とともに成長し変化していくことを把握できないという欠点もあります．そんなこともちょっと頭の片隅に入れておいて下さい．

ところで，この社会的な変化の流れに沿ったとらえ方のひとつに，アメリカの後を追って変化が生じているとの見方もあります．進んだアメリカで起きていることが遅れて日本でも出てきたのであるというこのとらえ方は，広く世界の動向の中に位置づける点では，それなりのものではあります．確かに，日本における消費生活の高度化，少ない子どもにかける高額の教育費，個人意識の強まりやその他さまざまな要因をみると，アメリカを代表とするような西欧的暮らし方に向かう大きな流れがあるように思われます．とくに，第2次世界大戦後の日本とアメリカの関係を考えると，この考え方を取りたくなるでしょうし，さらに，離婚の増加，未婚の母の増加など最近の話題によく取り上げられる問題からもその思いは強まってきます．しかし，世界はアメリカに向けて動いていくように造られているのではありません．たとえば，ヨーロッパの諸社会でどんな家族の生活があるか，じつはほとんど知らないままに西欧ではこうだと論じられてしまう傾向があります．まして，東ヨーロッパ，中近東あるいはアジアとなると，比較の対象に取り上げられることがほとんどありません．でも，そのような関心をもっていねいに調べれば，少しずつは様子がわかってくるでしょう．もっと比較の材料が無く，しばしば第三世界と一括りにされてきた国々や，さらには，その中でも伝統的な生活を営む少数民族となると何もわからず，同じ現代の人間のことなのに比較の対象として考えられもしない，

といってよいでしょう．

　自分の家族はふつうなのかと，なにかの機会に考えるとき，身近なことに関心を向けるのは大事ですが，同時に，思いっきり違う場合と比べることも忘れてはいけません．次の第3節では，いつもの比較では対象とすることなど想像しないような事例を取り上げて話を進めていくことにします．

　遠く離れた国の中の伝統を重んじる，多くは小規模な社会を調べてきたのは，文化人類学という学問分野の研究者です．そんな所に住む人びとも，近年はテレビ番組などで取材の対象になったりしていますし（「世界ウルルン滞在記」なんかみていませんか），民族音楽の形で登場したり，もちろん，一部の観光旅行の目玉になることもあります．また，高校までの教育の中では，少しだけ地理の教科書が扱っています．歴史，とくに世界史との関係でいうと，大航海時代にヨーロッパ人が世界に乗り出していき，結局は西欧諸国の植民地が形成される時期，15世紀から19世紀に各地で彼らが出会った人びとの暮らしが文化人類学の対象になったのです．ヨーロッパと地中海の周辺が「世界」であって，その範囲で人間とその文化・社会を考えていたのが，その外側に想像もできなかったような多様な人びととその暮らしが展開されていることを，いやでも知ってしまったのです．

　姿・形，言葉，道具や衣食住，信仰，そして，家族も含む社会生活，これらのどれについても，それまでの知識ではとらえきれず，どうすれば改めて世界と人間に関しての全体的な理解ができるのか，いろいろな形での研究が始められました．それが文化人類学の始まりであり，今に至る中心的なテーマです．その途中の学説史的な検討は省略しますが，いまだに大きな影響を及ぼしているのは，進化主義的な見方です．上で述べたように，世界の異民族に関する知識や体験をもつにつれ，自分たちの生活や文化と比べたり，分類を試みたりし始めるのですが，17世紀のフランスあたりで進歩の思想が登場し，18世紀には大きな力をもつようになりました．さらに19世紀にはダーウィンの進化論

に強い影響を受けて社会進化論が広く受け入れられます。それによると、当時のヨーロッパ社会が最高位に位置づけられ、それとの違いにおいて諸民族の文化は進化の度合いが測られ、それらを原始から文明へと一線上に並べることができるというのです。現在に至るまで、この考え方がいかに強力に作用しているかは、皆さんにはよくわかることでしょう。そうみるのが自然じゃないですか、との声が聞こえてきそうです。

いろいろと試行錯誤の結果、今の文化人類学はなぜ、あるいは、どのようにこんなにもさまざまな文化（または社会）があるのかを、他の学問分野の成果をも利用し、可能な限り文化の上下といった偏見をもたないように努めながら、探っています。その際に、実際の暮らしを直接的に長い期間をかけて調べてみる方法——これはフィールドワーク（現地調査）といいますが——を用いています。そうすると、私たちの暮らしというか文化が、この地上に現にある、あるいは、かつてあったきわめて多様な文化の中のひとつに過ぎないと理解でき、同じ人間がこんなにもさまざまに生きて、それぞれに人間として生きる意味を考え、希望や理想をもって努力してきたのだと受けとめられます。そうであれば、私たちの場合も、過去に生じた変化、そして、今からも、もっと違った暮らしへと変化する可能性を、他の社会の例をとおして充分に理解できるようになるでしょう。ただし、詳しく知れば知るほど相手の文化の姿は広がり深まって、簡単には把握できないこともわかってきます。世界はずっと入り組んでいて、どんどん変化してもいるからです。

3** 家族のかたちはさまざま

ここまで文化人類学とはどんな学問かを述べることになってしまいました。次に前節で述べた考え方に基づいて、文化人類学でよく利用される異文化社会の事例と皆さんにとってふつうの家族と思われるものを比べてみましょう。その際には、ひとつの文化を共通にした生活が認められるか、あるいは、まとま

って同一民族と意識しているのであれば，人口の規模にかかわらず，どれも対等にひとつの社会であると考えることにします．そんなに人口や文化が違っていては比べられないなどと思わないことにします．

① ふつうの家族の形と思っている場合との違いがわかりやすい例として，配偶者数がどうなっているかを取り上げます．

文化人類学者が使える資料のある社会を約850ほど調べてみると，一夫多妻婚があるのはほぼ84％という割合で，700以上に達しています．これらは，それぞれの社会において，異常でも違反でもない正規の結婚のひとつの形として認められているのですが，これは私たちの間にも似たよう事態が実際にはあるじゃないかと反論したくなる事例とは異なっています．そして，つい連想しがちな性的な理由でそうしていることはほとんどみられません．実際には，妻が重要な労働力であるから，子孫が多くなる可能性を高くするため，婚姻による結びつきで親戚を強化するため，あるいは，地位の高さや経済力を誇示するためなど，実際の生活に結びついた理由に基づいている場合が多いのです．また，ひとつの社会をみると，全員がそうしているのではなく，一部の人が実行しているに過ぎません．

家族と結婚に関係するいくつかの点を，このように人類全体の中に置いて眺めるとずいぶん違った傾向が出てくるらしいことが，わかってもらえたでしょうか．人間の社会では世界の各地で，長期にわたって一夫多妻の制度が容認されていたのだから，西欧的かつ日本的な一夫一婦の制度は少数派に属するのだとも考えられます．しかし，それらの多数派に入る社会でも，植民地化，キリスト教の普及，西欧的な教育，そして，産業化と都市化の進行によって，いまでは一夫多妻はどんどん減っていますし，禁止される場合も増えてきました．この様子をみて，やはり世界的にも，西欧的な，私たちになじみのある形が結局は正しく，その方向になるものだと思いたくなりませんか．

ここで複雑な論を展開することはしませんが，でも現在の皆さんの周囲で，

性的な行動と，家族らしさを作り上げている行動がしだいにずれつつあるのは，ちょっと考えればうなずけることでしょう．若者の大好きなアメリカの西海岸地域では，離婚を繰り返す人が増えていると報道されています．同時にではなく，一人の人生の途上で何人もの配偶者をもつ結果になっているのです．子どもを連れて再婚し，養子をとる場合も少なくないので，家族内のつながりが多様になりがちです．アメリカの文化人類学者は，これを同時にではないが配偶者を複数もつ形のひとつであるととらえるようになっています．もしそうなら，これからアメリカ化が進む世の中のようだと思う人にとっては，変化の方向が思うほどには単純でないことになりますね．

　もうひとつ，家族がどこに住むかにも簡単に触れておきましょう．アイさんのお父さんは結婚してお母さんの(父)親の家に移り住んだようでしたね．でも今の日本ではたぶん，多くの人は新居をもつか，夫の親の所にしばらくいるのが「ふつう」だと考えられます．そして配偶者数の場合と同じ資料で，世界の諸民族がどんな結婚後の居住をする決りになっているかをみると，夫の親のもとに住む（「父方居住」といいます）のが約69％の社会での基本的な型です．次いで妻の親のもとに住む（「母方居住」）のが13％で，新居への居住は5％弱です．しかし，もっと興味深く思われるのは，夫方と妻方に交互に住むとか，妻の母方のオジの近くに移り住む，あるいは，結婚後もそれぞれの親のもとにいながら訪れる形式をとるなどの慣習をもつ社会が100以上もあることです．こうした状況を知った上で，日本の中だけで考えても，時代，地域ばかりでなく，地位や身分，職業などによって，さらには，育児，経済条件といった，さまざまな要因がどのように作用しているかを調べるのは，とても意味のある研究になります．

　②　次に，いよいよ文化人類学者が得意とする，遠く離れた地域に住む異文化社会の人の例を取り上げてみましょう．

　それはヌエル（ヌアとも呼ばれます）人です．なお，かつてはヌエル「族」と呼ぶのがふつうでしたが，近年は対等の立場で人権に配慮して「族」を用いる

ことは避けられるようになっています。日本でこの語（〜族）をどんな意識で用いているかを思い起こして下さい。さて、この人びとはエジプトの南に位置する、スーダン共和国の南部に住んでいます。地図帳で調べれば、ナイル川上流の白ナイル川がたくさんの支流に分かれ湿地帯になっており、そのあたりは全体としてサバナ地帯であるのがわかるでしょう。現在は国家体制の中で複雑な政治的事情で起きた内戦に巻き込まれたり、たくさんの難民も生じており、西欧諸国に出て行く者も少しずつ出始めるなど、激しい変化が生じています。この人たちについてイギリスの研究者がその文化を1940年代初めに詳しく調べています。その資料をもとに、ヌエル人の家族のあり方の一端をみることにします。

いちばん驚かされるのは、女性婚が行われていることです。生物学的に女性である者が、女性と正式に結婚している例が少数ですがあるのです。その上、話を聞くと2人の間には子どももいるというのです。それらの人が家族としてひとつの小屋に暮らしているのですが、どのような仕組みになっているのでしょうか。伝統的に牛の飼育を主な生活の手段としてきたのですが、牛は単なる生活の手段であるばかりでなく、もっとも価値を置いている存在で、神様に対して捧げる神聖な動物でもあり、殺人事件が起きた時に償いに差し出せば何とかなるものでもあります。ふだんはとても可愛がって飼育していますし、その牛の生き死にに自分の人生を重ね合わせて考えるほどです。結婚する際には、この大事な牛を昔から決められた数だけ、近所に住んでいる人びとの目にみえる形式で、男の側から女の側に贈ることが、もっとも大切な儀式なのです。

ヌエルの人びとは、この手続きがきちんと実行されていさえすれば、正規の結婚が行われたと見なしてきたのです。ですから、ある女性がその手続きをきちんと行ったと当事者と周辺の者たちに認められさえすれば、女性同士でも結

---

3)「族」と「人」については、第12章を参照して下さい。
4)「性」については、第7章を参照して下さい。

婚して家族を構成することができます．私たちには変に思われようとも，当事者たちが認め合っているのですから，まずはその通りなのだと受け止めるべきです．この際に男性の立場をとる女性の多くは子どもの生まれない体質で，占い師の仕事をしているため比較的収入があります．いいかえると基本的な財産である牛を自分でもかなりもっている点で，一般の女性と違っています．それに対し相手は，その家族や親族が貧しかったり，何らかの理由でなかなか結婚できないでいる女性だそうです．牛を贈った側の女性が「夫」になりますが，ふだんの立ち居振る舞いでも男性の夫と同じようにします．

　子どもはどうするのかというと，「夫」が近親の男性を指名して妻の性的なパートナーとします．この２人の間に生まれてくる子どもですが，初めから正規に結婚した２人の女性（夫と妻）の間に生まれたと考えられ，２〜３世代も経った頃にはすでに事実として語られるようになっています．日本であれば養子をとったのではないかとか，本当は誰の間にできた子かなどということに，ヌエルの人たちの関心は向けられないのです．「男性」である親と子の関係，すなわち父系性が強調され，それによって相続が行われ，死後は祖先として祀ってもらえる関係が生活上の大切な組織づくりに利用される社会だからです．つまり，生物学的な関係に真実を求めようとしないのであって，私たちとは基本的な前提，ものの見方の出発点が違うと考えて下さい．なお，パートナーの男性は，その後ふつうの結婚をしてごく平凡に暮らしていくと報告されています．

　こんなふうに成立した家族に対して，子どもの成長に不安はないのかなどと，私たちは気を回しかねません．繰り返しになりますが，ヌエル人の間では生物学的な事柄と社会関係を結ぶ事柄が明確に分けられているからこそ，この「女性婚」といわれる形態が可能なのです．ここで，「身近な」例にもどると，アメリカの一部の州ではレスビアンの結婚が認められていますが，それはあくまでも女性同士の結びつきです．そして，それ以前に異性と暮らしていたが，離

婚などで分かれて子どもを連れてきたか，あとで養子をもらったりして2人の女性の間に「子」がいるようになります．さらに最近の話題として，その2人のどちらかが他人の精子をもらって人工授精し，子どもが産まれる例も報じられています．この場合，結婚した2人のうちどちらかが妊娠し，出産するといういわば生物学的な事実が伴っているので，このカップルから生まれたことがより真実らしさを増す，と私たちは思うのです．それでも，その子が「本当」の父は誰なのかを知りたくなり，成長してから悩むといった話がいろいろと報じられています．ヌエル人の場合，報告された限りでは，そんな悩みはこれっぽちももたないようです．また，アメリカの女性婚の場合では，父と母の役割に関して，まだ明確な社会的位置づけができていない，というよりは当事者にはそういったことに反対する立場の人たちが多いようです．今後，さまざまな論議が続けられることでしょう．なお最初にいったように，問題が複雑になるので，感情・心理面の問題を抜きにして話をすすめてきているので注意して下さい．

　以上のことから，特定の結婚や家族の形の善し悪しを論じるつもりはないことを，念のため申し上げておきます．それにしても，日本を含む西欧的な社会において，科学的・技術的進歩によって，とくに生殖医療に関する技術のおかげで，これまで存在しなかったような生殖のあり方が私たちの暮らしに入り込み始めたため，人びとが困惑している事態が，あらためて浮かび上がってきます．なぜなら，家族や結婚に関する社会的な事態と医学・生物学的事態とを無理にでもぴったり一致させてきたのに，それにズレが生じてもかまわない方向に向かう流れと思われるからです．前からの考えを維持したまま新しい技術を取り込めないかと模索しているわけです．みんなでこんなに努力して議論しているのに，また，科学の発展の最先端にある国で暮らしているのに，ヌエル人の例やどこか辺境の民族の伝統的慣習に，それと同じ形のものが「ふつう」のものとして存在しているなんて，と感じられ，なんだか少しがっかりしませんか．大げさにいうならば，かつての「未開」と現代の「最新」の暮らしが奇妙

に重なり合うというか，つながり合う部分を持ち合わせる世界が展開していて，そんなところに今の私たちは住んでいることになります．それも，人間についての「情報・知識」としてこれまでに述べたようなことを知っていればの話です．

③　それでも上に述べた場合は，夫と妻，そして父と母の役割を受け持つ 2 人が，子どもを一人前にするまでの期間に共同して生活をする集団があるという点で，なんとか想像力をたくましく働かせれば，家族のあり得る形かもしれないと，アイさんに考えてもらえるでしょうか．そこに，文化人類学者はもっと驚かせるような事例を持ち出したくなります．

カナダ北西部の北極圏という苛酷な自然の中で，オオジカや野ウサギ（hare ヘヤー）などの猟，木の実，野いちごなどの採集，それに漁労に頼りながら移動性の高い生活をしてきた，ヘヤー・インディアンと呼ばれる人びとがいます．1960 年代の初めに日本の研究者が現地調査を行っていますが，それによると，先ほどまでに取り上げた家族「集団」がみられないのです．人が何人か集まって暮らす場面として，ひとつのテントかいくつものテントが集まるキャンプ地があるのですが，そのメンバーの構成と出入りを調べると，常に変化しているのです．テントにいるのは成人の男女と子どもという組み合わせが多く，見かけ上は私たちの家族とよく似ているのですが，よく聞いてみると必ずしも夫婦ではなく，親子の関係でもない例がいくらでもでてきます．この人たちの考え方では，性関係は自由であり，漁師の腕と皮の鞣し手としての女性の組み合わせで気が合っている間は一緒に暮らし，また，子どもは誰でも育てられる者が育てればよいとされているのです．子どものほうでもどんどんテントを変えるといいます．私たちにすれば血のつながりのある親子やきょうだいの間柄の者が，あちこちにばらばらにいる状態になります．これは個人が独自の運命をもつ存在であり，一人で生きられるように育てられるからであって，そのような個人間にいろいろのタイプの結びつきが生じ，変化するととらえるべきでしょう．

こうして家族と呼べそうなものは見あたらないのですが，どの個人も，特別の意味をもった関係にある一群の人びととの結びつきをもってはいるのです．それは，父と母，同じ父母から生まれたきょうだい，自分の性生活の相手（つれあい），その相手との間に生まれた子どもが含まれています．彼らにはこれを表す特定の語がないため，調査した研究者は「ミウチ（身内）」と名付けています．このミウチの人たちに対してしてはいけない行動が厳しく定められ，その違反がもたらす恐ろしい影響が強く信じられています．たとえば，つれあいを除いてはけっして性交渉をもってはならない．もしあれば，人から疎んじられるばかりでなく，超自然的な不運に見舞われる．女性が妊娠したとき，すぐにミウチに知らせないと彼らの猟がうまくいかなくなるとされますし，その他，遺体の処理や月経などに関するタブーもあります．

　つい最近までこの人びとの間では，私たちと同時代にありながら，その地域の自然環境，周囲の諸民族とのかかわり，彼らなりの歴史的経緯の中で，生活上の小さな組織としてこのユニークな形態ができあがったのです．日常生活が個人中心の相互関係として組み立てられ，充分に有効に働いてきたのです．この事例を人類の古い時代の名残りであるなどと勝手に憶測してしまわないように注意すべきです．ヘヤー・インディアンを調べた研究者は，血のつながりをもつ者（血族）および結婚（といえるか微妙ですが）で結びつく者（姻族）から成るきわめて小さな特定範囲が，どの個人にとっても生きていく上でたいへん重要なものとして意識されているから，「家族」を考える時に無視できない，ある種の家族と認めて良いとの見解をもっています．私もそれに賛成です．

4 ✷✷ 見方を変える

　同じ地球上にいて，しかし，私たちと異なる環境（といっても自然環境にとどまらず社会・文化的環境も含みますが），その中で暮らす諸民族が編み出した「家族」と呼べそうなもののうちから，あえて異質にみえる例を取り上げてみました．

アイさん，こんな資料を用いて思ってもみなかった比較に付き合わされたと感じていませんか．自分の家族や周りの家族の姿が「ふつう」かなとふっと疑問になったとき，人類というレベルまで踏み込んでしまうのも，ひとつの方法なのです．人間て何だろう，他の人とどんな結びつきをしてるんだろうかを，グローバルな時代に異質にみえる文化を知り，そこから自分の社会のことを振り返って見直してみるなら，身近な暮らしのよりよい理解が得られるでしょうし，それがいかに流動的な状況なのかもしっかり把握する用意ができるでしょう．それがアイさんにとってうまくいくように社会学や文化人類学は助けることができると私は思っています．

(小川正恭)

参考文献

〔文化人類学について〕

クラックホーン，C.『文化人類学の世界――人間の鏡』講談社現代新書 255　1971 (原著 1949) 年

祖父江孝男『文化人類学入門［増補改訂版］』中公新書 560　1990 年

波平恵美子『暮らしの中の文化人類学［平成版］』出窓社　1999 年

ヘンドリー，J.『社会人類学入門――異民族の世界』法政大学出版局　2002 (原著 1999) 年

〔諸民族の家族について〕

サーヴィス，E.『民族の世界』講談社学術文庫 963　1991 (原著 1963) 年

原ひろ子編『家族の文化誌――さまざまなカタチと変化』弘文堂　1986 年

原ひろ子『極北のインディアン』中公文庫　1989 年

原ひろ子『ヘヤー・インディアンとその世界』平凡社　1989 年

マードック，G. P.『社会構造――核家族の社会人類学』新泉社　1978 (原著 1949) 年

湯沢雍彦『図説　家族問題の現在』NHK ブックス 742　1995 年

第4章
バリアフリーの社会とは
──社会問題論入門──

アイさんに先輩から，メールが届いたみたいです．

　アイ，元気？　バスケの試合で激突して大腿骨を折っちゃったよ．私，しばらく車イス生活です．生活が一変して通学も大変．時間がたてば治ることだけど，車イス生活は本当に不便です．
　家から駅までには大通りがあって，歩道橋がいくつもあるの．車イスでは渡れないよね．駅の階段にエスカレータがついたのはありがたいけれど，駅構内に入る下り階段にはないので人の手を借りるんだけど，なんだか変な感じ．大学の校舎は新旧ちぐはぐの建物で，授業で動くに動けない状態．古い建物に外付けエレベータなどつける技術って開発されてないのかなぁ．で，私の家って3階建の公営住宅でしょ．エレベータはつけなくて良いことになってるんだって．だから2階の自宅から出るに出れなくて，初めは死にそうな思いの毎日だったよ．設計の時，スロープくらいつける発想ってなかったのかなぁ．私たちって，いつも健康体で万全とは限らないのに……狭くて段差の多い家の中も車イスでは動けないし．
　「バリアフリー」って言葉を最近よく聞くけど，こういうことは，北欧社会が世界の先端にあるってことは知ってたから，父の友人で30年くらい前からスウェーデンに住んでいる人にこないだ手紙を書いて車イス事情を聞いてみたんだ．その人からの返事に次のようなことが書いてあったよ．

『北欧社会で画期的だったのは，1975年に改正成立したスウェーデンの「都

市計画および建築法」の内容でした．この法律には"特別な場合を除きすべての住宅は，移動と適応能力に障害のある人も利用できる設計でなければならない"という条項がもうけられ，新築はもちろん大幅な改築にも適用されて，全国民に対し健康的・実用的そして高水準の住宅を適切な価格で提供する義務を負うという宣言でした．ここで注目すべきは，この条項が一般には障害者を対象にしたものと思われがちですが，実は文言からは妊産婦や幼児，そして君のような負傷者にもその利益が及ぶこと，またこの法律の名称が都市計画と建築とあるように，人が暮らすのは単に住宅だけでなく地域社会でもあり，それらを一体としてとらえていることでしょう．

 しかしこの法律ができるまでにスウェーデンには，いわゆるノーマライゼーションの考え方が深く浸透し60年代半ばには確立しており，すでにして障害者への社会的配慮には大きなものがありました．その考え方とは，50年代にデンマークの知的障害者の親の会が起こした運動を，N. E. バンク＝ミケルセンが"normalisering"として提起し北欧社会に根づかせたもので，「知的障害者をその障害とともに（障害があっても）受容することであり，彼らにノーマルな生活条件を提起する」ことにあったのでした．それは，知的障害者もまた人間として一般社会の営みの中に参加できるための機会を限りなく拡大していこうとする考え方です．このようなスウェーデン社会には歩道橋などはみられませんし，ある人はこういうスウェーデン社会をみて，"文明の成熟度は，車イスで自力走行できる距離で測定できるのではないかと思う"とまでいっております』

 日本は先進国なんていわれていますが，さらに一歩先を行く先進国があるようです．どんな感じなんでしょう．日本の現実と北欧社会を対比しながら，「バリアフリー」の深さをのぞいてみましょう．

 「バリアフリー」という言葉は英語の barrier-free であるが，北欧社会には

これにあたる言葉は見当たらない．かつての「国際障害者年」をきっかけとして 1981 年頃から，ノーマライゼーションという言葉とともに英語圏を通してそのことが必要とされる国々にもたらされたものだろう．しかしその概念の生成は明らかに北欧社会にあり，その根拠が手紙にも書かれていたスウェーデンの法律にあるということができる．その意味では「バリアフリー」を，「都市空間や住宅にある施設や設備自体が"障害・障壁"をつくり，障害者などの生活圏の拡大を妨げている状態を解消する，つまり，そうしたバリアを取り除くこと」と，ひとまず定義しておくこともできよう．それは身体に障害をもつため他者の介助を受けなければ移動ができず，それ故，従来は寝台や住宅の中に閉じ込められていた人が，人間として行動の自由を自らのものにするということで，身体移動の，いわば"からだのバリアフリー"に関する問題だということができる．

1** からだのバリアフリー

　現代社会は近代社会の到達点として都市を，しかも立体的な大都市をつくり出し，その中で現代人は多様な欲望を実現し日々の生活として享受している．しかし，ビルが乱立し地下街が迷路となり，道路も鉄道も交通が錯綜する都市空間を，充分に享受するには，活発な都市人といえどもかなりの体力と気力を必要とする．動き回って都市人は，日々回復ができないほどに疲れているようなのだ．まして身体に障害をもつ人にとって現代の都市は，触れることもできない障害物でしかないだろう．いわば都市に住んでも都市に生きることができないのが，障害者なのである．

　計画もなくなすがままに形成された近代都市の，障害者に対するこうした拒絶を解消するには，都市を改造するか，あらためて計画的に都市を作るしかないが，いつの時点でこのことに気づき着手するか（したか），すでに膨張した世界の都市の多くは大きな悩みをかかえてきた．わが国でも近頃のいわゆる福祉

の町づくりの先駆的な取り組みとして，早くも74年に「町田市の建築物等に関する福祉環境整備要綱」をもち，「車イスで歩けるまちづくり」を行政の中心課題に設定したりしている．スウェーデンなどと違って，こうした課題に国が法律を制定して積極的に取り組まないわが国では，車イスの人たちが住む自治体において個別的に対応されることになったのである．しかしながら先駆的な町田市においても，この施策が条例として法定化されたのは20年もあとの，"福祉の町づくりブーム"が到来する93年であり，それまでは国の対応と同じく行政指導でしかなかったのだ．したがって障害者はどの町に住むかによって，その暮らし方が異なるものとなったのである．

ところで近代社会形成の中で障害者は，産業社会を担う労働力としては成年者に及ばないものとされ，社会の表に出ることはほとんどなく，施設や家族の中に閉じ込められていた．しかもわが国では，近代以前の思想を引きずった，血縁関係にまとわりつく考え方が永く社会に残り，障害者はまたそうした意味でも隠されてきた．しかしながら一方，近代産業社会は大規模機械工場に大量の労働者を集め，人間よりも生産を重視する経済原理から労働作業での負傷や死亡を引き起こしがちで，労働災害による障害者の発生は避け難かった．さらにまた近代産業社会を形成し資本主義国家となった先進諸国は，市場獲得の国際紛争に戦争で臨み，その結果，多数の戦死者だけでなく大量の身体障害者を生み出すことにもなったのである．

こうして身体障害者の存在は時代とともに，もはや社会に隠されたものではなくなり，それは近代産業社会が自らの中に生み出していくものでもあるとしたのである．とはいうものの先進諸国の政府は，労働災害保険や軍人恩給制度[1]でこれを金銭的に補い，身体障害者の実生活は当事者自身の個人的な対応に任せるのがその現実であった．社会政策の一環として，一部には授産更生の施設[2]

---

1) 一般に恩給制度は官吏の在職中の服務に応じて退職者とその遺族に国から金銭的給付を行う制度で，わが国では，1875年海軍退隠令を端緒に危険任務・公務傷病の軍人恩給制度として創設された．

や機能回復訓練の場も設けられたが，それも小規模のものでしかなかった．少なくともわが国においては，身体障害者は戦前までは，社会的には隠されたものとしての存在であったのである．

　敗戦で迎えた戦後社会は，日本国憲法が個人の生きる権利を認め，憲法第25条に基づく「生活保護法」を定めて最低生活保障と自立助長を掲げたから，わが国にあふれた傷痍軍人の姿もまもなく目に触れないものとなっていく．ちなみにスウェーデンは両世界大戦に中立平和を維持し得たので，戦傷者を出すことはなかった．またわが国では，工場生産における安全管理は戦後，労働者保護規定の格段の強化によって，重傷・死亡者はみられたものの労働災害は相対的に抑制されるものとなり，日本独特の企業福祉のもとで身体障害者やその家族の雇用維持もはかられるようになってくる．

　こうしてわが国では高度経済成長の中，障害者の問題は再び社会の後景に退いたかにみえたのであったが，経済の高度成長はもう一方で深刻な障害者問題を引き起こしてきたのである．それはひとつには，急激なモータリゼーション（車社会化）による交通事故被害者の大量発生であり，もうひとつは化学物質開発にともなう環境汚染と医薬品が引き起こした奇形障害の発現であった．そしてこれらはともに，経済成長の著しかった日本において，早期からとくに深刻なものとして現われてきていたのである．

　わが国では自動車産業は輸出貿易の中核にあり，その生産圧力はつねに著しく，道路未整備の国内にもクルマがあふれかえることになって，交通事故が多発し，子どもや老人，そして交通関係者が死亡しまた障害を負った．この状況

---

2) 心身に障害がある者に対して，授産とは，就業が限られている場合，技能訓練をし就労機会を提供したりして社会的自立を目指すこと．更生とは，生活上の援助や訓練，リハビリ，作業指導などによって，家庭復帰や社会復帰を目指すこと．

3) 健康で文化的な最低限度の生活を営む権利を有するという生存権の規定と，その実現と確保のために国家が立法・政策を行うという責任の規定．

4) 戦闘などによって生活能力を失った軍人のことで，日露戦争の傷病兵を国費で生涯扶養する法律制定にさかのぼるが，戦後，GHQの指令で特別の保護が禁止された．

では，歩行不自由な障害者の外出はそれまで以上に困難となり，子どもや老人たちも市街地には出にくくなった．この事態は万人にとって，まさに明日はわが身にの危険，わが国は"交通戦争"を宣言して対処していくことになる．もちろんそれは歩行者保護ということであり，そのための重要施策として都市に限らず歩道橋を大々的に作っていった（作らざるをえなかった）．その当時の交通標語に"クルマは急にとまれない"というものがあったが，この標語ほど人かクルマかの本質を見誤った論理矛盾はないであろう．そして今日においてもその記念碑は，醜悪な日本の都市美を至る所にさらけ出している．それでも現在，事故後24時間以内の死亡者は，わが国の統計によれば年間1万人で1日平均30人に及んでおり，障害者を含め被害者の数は少なくない．

もう一方には，高度経済成長の最中，大量生産・大量消費の経済原理に巻き込まれて開発された大量の化学物質が環境を汚染し，結果として人体に取り込まれていき，典型的には，水俣病患者にみられるような人為的な障害者の発生があった．また，新たな化学物質の開発は医薬品や農薬を通して人体に入り，睡眠薬サリドマイド[5]による肢体不自由な障害児や，ベトナム戦争での米軍枯葉作戦[6]からの除草剤による障害児など，かつてはみられなかった形での障害者の出現であった．これらから私たちは，肢体不自由な障害者だけではなく，知的障害者の問題にも目を向けざるをえなくなった．そして今日でも，遺伝子組み換え作物など，未知の現実に私たちは取り囲まれている．

いずれにしても今日，すでに私たちは障害者の存在とは無縁でなく，自分自身は障害者にならないと信じても，たとえばクルマを運転して対人事故を起こせば，あなたはまさに障害者とともに生きる事態に遭遇し，交通遺児基金募金運動が，保証不充分なわが国では現在なお必要とされているのである．もとよ

---

5) 妊娠初期に使用したために胎児にアザラシ肢症などの奇形が生じた薬害．
6) 植民地からの独立を求めるベトナムの民族独立運動にアメリカが介入して，インドシナ半島南部に親米政権を樹立したことから始まった武装闘争，59〜75年に及んだ．密林に隠れて抵抗するゲリラを撃退するために，米軍が大量に散布した枯葉剤の影響で結合体双生児などが生まれた．

り薬害により生じた障害者は，医薬品の製造・許可・販売に当たった関係者によって，人間としてのその生存を社会的に保障されなければならない．今では障害者は社会に隠れた存在ではなく，社会に生きるべき権利主体とされている．

ともあれ"交通戦争"宣言によってわが国でも，交通信号機は整備され，信号合図の音響化や盲人用点字ブロックの設置，交差点歩道の段差解消など道路環境は格段に改善され，歩行者優先の運転マナーが徹底されるとともに，障害者に対する駅員やタクシー運転手の応対も大いに向上してきた．しかし障害者の外出にはいまだ不自由・不便があり，障害者にこそ必要とされる自動車の専用駐車場も少なくて，円滑な移動の自由は実現されていない．と同時に，障害者が人間として生きるべき権利主体だとするならば，単に移動の自由の実現だけにとどまらず，障害者が障害者なりの労働によって，生産や雇用にも参加できるものでなければならないはずである[7]．

しかしながら人として生きる，こうした場の展開は一向に進展していないわが国の現実がある．障害者雇用の法定目標は民間一般企業で1.6％であるが，企業の達成率は低く，大企業ほど課徴金の支払いによってこのことをやり過ごしている．

2 ** 高齢者とバリアフリー

みてきたようにバリアフリーは，障害者の行動の自由，"からだのバリアフリー"から問題とされたものであった．しかし現実には，"からだのバリアフリー"は障害者にのみとどまるものではなかったのである．というのも，北欧

---

[7] スウェーデンでは，労働障害者の就労可能性を拡大するため，職業安定所が，作業補助器具，労働ヘルパーの補助，雇用する使用者への賃金補助など，各種の援助をしている．一方，一般労働市場では就労しがたい身体的・精神的・知的障害者は，持てる能力の発揮・発展をのぞみ，Samhall ABが統括する国有企業グループに雇用されて賃金を得ることができる（約3.5万人）．また，起業を目指す障害者には，国が生業援助として資金補給をもする．

社会は社会福祉の充実を背景に，戦後早くから長寿高齢社会に入っていたから，増え続ける高齢者の行動の自由確保が大きな課題となっていた．障害者とともに，加齢老化にともなう高齢者の問題が政策の視野に早くから入っていたのであり，ここにもすでに"からだのバリアフリー"が解決されなければならないものとして存在していた．スウェーデンではこの課題を公営住宅の新設・改良によって解決しており，それらは障害者用ケア付き住宅としてだけでなく，一般的にはサービスハウス・ケア付き住宅，さらには障害者用・高齢者用のケア付きアパートなど，さまざまな形態をもって，ハンディキャップのある人びとに提供し，その生活を社会的に保障している．

わが国もまた高齢化社会へは急速であり，戦後直後に生じたベビーブームが巨大であったことと 80 年代から続く極端な低出産率，さらに戦後一貫しての長寿化傾向があいまって，世界に類をみない高齢化のスピードをみせてきており，高齢者の生活問題が諸課題として迫っている．誰でも"子ども来た道・年寄り行く道"なのだが，人により個人差はあるものの，身体機能に支障ある高齢者がこれから多数生み出される必然にある．身体機能の衰えた老人たちに行動の自由をどう確保するか，本来，生活の基盤である住宅問題や居住条件をとってみても，わが国政府の高齢化社会への対応は，福祉社会の水準には追いついていない．

89 年には「高齢者保健福祉推進 10 カ年戦略」として 99 年までに実現すべきサービスの目標値を設ける，いわゆる「ゴールドプラン」を政府は策定し，市町村および都道府県に「老人保健福祉計画」の策定を義務づけたが，高齢者の住宅問題や居住条件を総合的に取り扱う観点はみられない．一方で旧建設省は，「高齢者，身体障害者等が円滑に利用できる特定建築物の建築の促進に関する法律」（ハートビル法）を 94 年に施行しているが，これは高齢者などの個人的な居住条件を改善するものではないのである．高齢者の住宅問題に関しては，ようやく 2000 年発足の介護保険制度の中で，高齢者の居住住宅をバリアフリーなものに改良するための援助金制度を全国的な形でもうけた．また国土交通

省は2001年，住宅金融公庫融資制度の中に，高齢者向け優良賃貸住宅建設への融資や持家のバリアフリー化促進融資と債務保証などの施策を創設している．だが借家住いなどの高齢者の居住環境は，依然として改善されない．

　わが国にも戦後，建築基準法がもうけられて一般住宅の建築基準が定められたが，経過的にあった何度かの改正も，都市の過密化にともなう日照権確保訴訟を受けてなされた斜線規制[8]，不況からの景気回復手段としてなされる建蔽率・容積率や木造3階建などへの緩和[9]など，それらはいわば構造的なもので，人が住むにあたっての実質的な使い勝手のよさなどについての全国民的な配慮はみられない．スウェーデンの「都市計画および建築法」が定めるような，居住状態についての全国的な統一基準（ナショナル・ミニマム）が日本にはない．そこで私たちは結局，建築業者や賃貸事業者が個々に提供する住宅の便宜・便益を自分自身の経済力で，個人的に買うことになる（にならざるをえない）．いってみれば，わが国は先進国に珍しい総中流階層社会といわれてきたのであるが，実は個人や家族の所得能力，あるいは資産資力の差異によってそれぞれの生活の実質が大きく異なっているのである．そして余生少ない高齢者にとって，更なる住宅投資は無意味であり，また過酷であろう．このことは，個人所有のマンションの建て替え問題にともなう住民の紛糾に顕著である．今日，先進諸国で問題とされる"生活の質"（QOL）[10]が，このようなところでその実質を問われている．

　北欧スウェーデンとは異なって行動の自由の保障を障害者・高齢者ともに含めて対処する観点をもたないが，それでも，急速な高齢化社会の認識の浸透で，

8）建物の高さを制限する建築基準法での規制．
9）敷地面積に対する建築面積の割合が建蔽率．敷地面積に対する建築物の延べ面積の割合が容積率．保安・衛生，環境保全のためにもうけられる必要な空地の確保が目的．
10）従来の物質的，量的な尺度で生活の向上を志向するのでなく，精神的な豊かさや満足度，幸福度など主観的な指標による計測で生活をとらえようとする，60年代後半以降，先進諸国で注目されはじめた観点．Quality Of Life の略．

わが国の高齢者向け諸施設は充実してきた．また近頃では，政府は，バブル後10年来の景気減退を再び公共事業投資で乗り切ろうと，公共交通機関およびその施設のバリアフリー化をしきりと促している．その結果，非常な勢いで駅に公共施設にエレベータ，エスカレータの設置が進んできたし，車イスや乳母車は積めないもののバスの乗り降りも車体低床化で楽になった．日々疲れのとれない通勤者にも，これは大変助かることだろう．

　またこの10年，わが国でも，ハンディキャップをもった高齢者のための生活用品の開発が活発である．もとより障害者・高齢者ともに含めて対応してきた北欧社会では，早くから官民あげて福祉用具・福祉器具の開発と貸与には力を入れ，そのデザインとともに世界に先駆けて製品化をはかってきた．その中には特許権を取ったものもあり，時代に先行する優位性を得てライセンス輸出[11]として産業化しているものもある．ただ，わが国にみられる福祉器具・福祉用具の開発は，歯ブラシとか筆記用具など身回り品の類に多く，スウェーデンにおけるような，たとえば，車イスのまま乗船できる改良ボートとか，片手や片足で運転できるオートバイの開発などには及ばず，そこには発想や哲学の違いが垣間みられる．こうした生活用具の改良改善は，政府援助のもとで民間事業として進められるべきものであり，福祉社会を支える市民のマインドが拡大すれば，生活経験豊かな主婦の発明工夫などに，わが国でも自発的な動きが起こってくるだろう．

　さらに今では，行動の自由を支えるバリアフリーの考え方がアメリカにも移植され，「ユニバーサル・デザイン」の思想が広まってきた．たとえば，数字の大きな電話機は万人にとって有益だし，シャンプーとリンスの形状の違いは誰にとってもありがたく，誰でも手軽に使えて安全な暮らしの追求が目指されている．これは，特定の人を念頭にする救済主義から，すべての人に行き渡る

---

11) 知的所有権を構成する著作権は，複製権や貸与権など各種の権利を内容とするので，その一部または全部を譲渡したり，使用許諾（ライセンス）したりできる．

普遍主義への転換であろう．万人に安心感をという意味では，身近な社会的安全網（セーフティ・ネット）の構築でもあり，北欧の福祉社会が築いてきたものと同じである．

3 ** ことばのバリアフリー

さて，バリアフリーを北欧にみると，それは障害者や高齢者の"からだのバリアフリー"にだけ限られたものでないことがわかり，あらためて問題の重みとその奥深さを感じさせられる．というのもそれは，社会において主流でない，水準以下とみなされている，とくに少数者がその社会参加において基本的な障壁となる，"ことばのバリアフリー"を目指すものでもあるとされているからである．

20世紀後半，欧米諸国の高度成長に続く経済の世界的統合，それはすなわち国際関係の緊密化であるが，いわゆるグローバリゼーションは，開発途上国から人びとが労働者として大量に流入することをともなった．とくに西欧社会は歴史的に国家分立の地域であり，地域統合を志向しつつはあったものの，労働力移動の自由化はもっとも遅れた部分となっていたから，結果的に西欧自由主義各国は，外国人労働者，移民問題に急激に直面することになった．

スウェーデンもまた問題の動向においてこの例外ではなく，90年代初めにはすでに総人口で10％に近い外国人が流入しており，市民権を得て労働者として定住していた．そのため，労働者本人はもとよりその子どもたちの言語障壁は，緊急に解決されなければならないものとなっていた．ただ，スウェーデンの事情は外国人労働者の流入問題だけではなく，チリ・アジェンデ政権崩壊[12]

---

12) 73年，総選挙で成立したチリの社会主義政権が軍事クーデターで倒された時，大規模な人権抑圧があり，政権支持者が多数政治難民となって出国した．

やイラン・イラク戦争にともなう難民家族，国家をもたぬクルド民族の迫害追放[13]，国家分裂を起こしたユーゴ紛争[14]での民族移動など，これらにともなう政治難民を国際平和主義の国家方針から，積極的に受け入れるなど，特別の事態もそこにみられた．

　スウェーデンにおける定住外国人に対する政策は多面的，総合的なものであるが，外国人がその国で生きていくためには何といってもその国の言葉を身につけなければならない．そのための語学学習の機会を充分に提供する（65年には成人教育施設での無料受講，73年には給与保証のうえ年間240時間の参加など）だけにとどまらず，その子どもたちに母国語学習を受ける権利をも保障しているのは，国家や民族を選ぶ自由を人権としてとらえているからであろう．また，言葉が不自由な場合は通訳使用の申請ができ，7ヶ国語に渡る新聞の発行を援助してもいた．しかし90年代に入って直面した経済不況もあり，労働力流入を抑制する政策に転じることになったが，スウェーデンと第三世界[15]との間には生活条件に格段の差があり，定住外国人の家族・親族の呼び寄せを人道主義の観点からどこにおくか，スウェーデンならではの苦悩は尽きない．

　ここまで来ても"ことばのバリアフリー"への挑戦は今日なお重要で，テレビ放送は社会報道番組にスウェーデン語字幕をつけているし，市民の権利に関する教育教養番組（UR）には，公共放送ではアラビア語字幕をつけている例もある．少数者としての定住外国人に対するコミュニケーションにおいてのこうした配慮は，障害者に対するのと軌を一にするもので，同様にテレビ番組では手話ニュースにとどまらず，料理番組，DIY番組[16]，科学番組など実用から

---

13) イラン，イラク，トルコ，シリア，旧ソ連にまたがって住んでいる民族で，400〜1000万人といわれる．91年の湾岸戦争後，反政府活動を強めたイラクのクルド人が逆に武力鎮圧に屈して政治難民となった．
14) 民族・宗教が複雑・多様に交錯するユーゴスラビア連邦で，91年，スロベニアとクロアチアが分離・独立を宣言したことから起こった内乱．
15) アジア・アフリカ・中南米など発展途上諸国を，米ソ（ロシア）の2大国，これに次ぐ先進諸国と対比して名づけられた戦後国際関係にみられた名称．
16) do-it-yourself（職人の手を借りないで自らの手でやれ）の頭文字からなる言葉で，つまり，日曜大工の番組．

教養まで，出演者自身が手話で伝える番組制作手法などが試みられている．つまり，あくまでも番組での実質的な生活向上支援を目指しているようである．

このようにして進める定住外国人への政策をスウェーデンにみると，"ことばのバリアフリー"の向かうところはつまり，"こころのバリアフリー"にかかわっているのではないかと思われる．すなわち，言葉が通じるようになることで，実は心を通じさせようとしているのだといえる．それらはいわば，表裏の関係にあるものなのだ．

4 ** こころのバリアフリー

第2次世界大戦を引き起こした西欧社会は，各国とも戦後，人種的・民族的な差別・偏見には鋭敏な対応をしてきている．大戦中，苦衷の中，中立平和を維持し得たスウェーデンも，戦後は非同盟中立の人道主義・平和主義に基づいて，国内政治ではいく度となくそれを確認しつつ，それにそった諸政策を徹底し今日に至っている．しかしスウェーデン社会はその価値理念を抽象的に確認するのではなく，具体的に政策として実行し実現しようとしてきた．

外国人政策でみれば，権利においては国政参政権を，義務においては徴兵兵役（男子の場合）を除けば，定住外国人はスウェーデン国民とまったく同等の扱いを受ける．つまり，一市民としてスウェーデンに暮らす限り，76年からは地方議会の選挙権・被選挙権を得たうえで，平等に養育され，また無償で教育を受け，必要な住居を得て労働訓練に参加し，社会保障に浴して晩年は年金生活を送ることができるのである．これら人生と生活のすべての面で，外国人であるがゆえの差別がないかは，民族差別 ombudsman（議会行政監察官）が86年から活動を開始しているし，在住外国人団体への国庫補助金制度も導入されてその人権を保障し，最近では意思表明の基盤となる，自治体議会への外国人議員の選出が増加してきてもいるのである．これらの背景には，すでに10年以上も「モザイク」のタイトルで，定住外国人を登場させてその生活振りを紹介

し，今日のスウェーデン社会の人間模様を描いてきた公共放送の番組の社会的役割が大きい．

しかしながら実は，"こころのバリアフリー"について私たちがスウェーデン社会から学ぶことは，定住外国人との交流へのこのような努力だけのことではない．一見，局面を大きく異にすると思われもするが，それは知的障害者との交流にかかわる問題である．すでにスウェーデンは世界に先駆けて教育現場の障壁を取り除き，知的障害者をも包摂する，いわゆる統合教育を進めてきた．その成果をもとに90年代からの今日では，知的障害者自身の自立をいかに可能とするか，次の段階としてのこの課題に取り組み始めているのである．すなわち，知的障害者との間にある障壁の乗り越え，"こころのバリアフリー"の実現である．その困難さは，もっとも重度の知的障害者とのコミュニケーションをいかに可能とするかにあろう．こうした知的障害者の心を知るためには，まず彼らが示す独自の表現様式から言葉を探し出して，"ことばのバリアフリー"を求めなければならない．いわばこれは，人間存在の根源にもかかわる重い課題に突き当たっているともいえる．確かにかつてデンマークでのnormalisering運動の発端が，知的障害者の人間回復にあったことが忘れられない．もちろんこの困難な世界への道は，学術研究の成果とともに歩まねばならないものである．

さて，"ことばのバリアフリー"と"こころのバリアフリー"はつながりであることがわかったが，これらについて日本の現実はどうだろうか．その詳細をみるのにここに充分な紙幅はないが，経済大国，日本の実情はスウェーデンの比に及ばないだろう．今日，外国人労働者の日本就労を日系人と特殊技能者にのみ許可する入国管理で，わが国の定住外国人の比率は低いものの家族を含めその数は確実に増加している．しかしながらもっとも重要な，日系人の子どもたちのアイデンティティ確立に母国語を教育する体制は組織的になく，必要に迫られる自治体が一部実施しているだけであり，すべてが民間活動に放置されている．子どもたちの不適応・孤立は大きく深い．基本的な教育行政がこう

第 4 章 バリアフリーの社会とは 65

であれば，定住外国人に対する生活支援も現行国内法の中だけでの適用であり，ハンディキャップの現実は考慮されていない．本来的に外国人ではない，中国残留孤児[17]の帰国定住支援体制は作られているが，これも決して充分なものではなく，彼らが老齢に向かういま，年金訴訟にまで立ち至っているのである．戦時混乱の国家責任を私たちは，不問に付しているようだ．わが国にはまた，戦前日本の植民地政策から在日朝鮮・韓国人が多数，すでに世代を経て暮らしており，長年の課題であった外国人登録の指紋押捺は解消されたものの[18]，参政権など人権問題としての世界水準への歩みは実に遅い．

外国人にかかわるこのような私たち日本の視線と対応をみれば，自己表現において不自由な，重度のあるいは重複の障害者が生きる世界との交流には，大変高くて厚いバリアがある．この頃は精神障害の名称が一部に変更されるなど，言葉のうえでの差別・偏見が社会的には解消されつつあるようにみえるけれども，人権思想との距離は依然としてまだ遠いようである．一方では人権思想を基盤において，社会構造が生み出す差別・偏見からたえざる平等復帰を果たしていくべく，次つぎと政策を掲げて実行する[19]，人口で 1 千万に満たない国家国民のあり方に，私たちはこれからも目を向けていかなければならないであろう．

バリアフリーの直接的な意味ではわが国も，21 世紀を迎えたいま，やっと足掛かりを得つつあるかにはみえる．しかし，スウェーデンがすでに実現し，また，実現しつつあるような，深い意味での取り組みにはまだ遠く，一部の自

---

17) 太平洋戦争敗戦の際，主に中国東北地方で肉親から取り残されて中国人に養育された満蒙開拓団の日本人子女．日中国交回復後，肉親探しの運動により 81 年以降一部が帰国．
18) 外国人登録法によりわが国に在留する外国人が登録を申請する場合，個人識別のために指紋採取を強制されてきた．犯罪者でもない者の個人の尊厳に反するとして，80 年から全国各地で押捺拒否訴訟が起こり，91 年，日韓両国外相覚書によって在日韓国人の 2 年以内廃止が合意されて決着した．
19) 多民族，多宗教の米国には，差別是正・平等達成をはかるために，とくに雇用（採用・配置・教育など）に関して，積極的に優遇措置がとられなければならないとする，Affirmative Action（積極的行動．1967 年の大統領行政命令）があり，黒人，障害者，さらに女性などへの適用がみられたが，「割当制」をめぐる違憲論議を引き起こすなど，政治的争点になってきた．

治体が必要から歩み始めたのにとどまって，国家の統一的な施策にはなっていない．だが，スウェーデンがここにみてきたような足取りを示してきたのは，つまりはスウェーデン社会自体の歴史の中に，そうした価値を国家政策として実現していこうとする根源があったのだと思われる．

　スウェーデンは戦前からの社会民主主義政権の伝統の中で，経済運営のケインズ政策[20]による忠実な実行者といわれ，その積極的労働市場政策，連帯賃金制度，完全雇用政策によって低失業率の中，安定的な経済成長を実現してきた．60年代にはその成果が結実して福祉政策の条件が整い，小国ながら世界で最高水準の豊かな暮らしを達成した．この発展の結果は，国民総中間層化として現われたから，社会的には立ち遅れがちな障害者の相対的剥奪感[21]はかなりなものであったといえるだろう．すでにスウェーデン社会に主唱されていたnormaliseringの思想と運動が，この経済成長を背景にして自ずと開花するには，多くの時を待つことはなかった．こうしてスウェーデン社会は，"福祉が変われば経済が変わる"という社会発展の新しい循環に入っていくことになったといえる．今日，スウェーデンで福祉を支える従事者は80万人（就業人口の19％）になり，産業分類で従業人口第1位の卸小売商業・通信業や第2位の鉱工業・電気水道供給業に同等のウエイトを占めている．

　しかしながら経済成長が福祉社会形成の条件であったとしても，スウェーデンが近代国家形成の過程で独自の統治機構としてのombudsman制度（1809年設置の護民官）を生み出し，西欧近代が示した人権思想や普遍主義の実現を目指してきた歴史的な条件もまた忘れてはならない．障害者の人権擁護とその実現には，行政活動への監視・勧告・意見表明によるこの制度が大きな働きをして

---

20) 1929年の世界恐慌による大量失業の発生原因を解明し，これに対する政策指針を明示できる経済学理論としてJ. M. ケインズが提起したもの．雇用決定の究極的要因は有効需要にあるとし，消費と投資の関連分析から，政府による総需要管理政策の必要を説く．
21) 人びとのいだく不満は社会的境遇の絶対的な低さによるものではなく，望む水準とかち得た水準の相対的な格差から生じるものだとする理論の前提にある現象．

きたのであり，また自治体に設置を義務づけられた障害者自身が参加する「障害者委員会」の活動もある．すなわち，あくまでも人間を中心とした政治運営の根幹は，こうした社会機構がかかわって機能しているのである．

　こうして作り上げた社会福祉制度を時代変化に合わせ，新たな発展段階を目指して制定され，制度の今日を支えるのが82年施行の「社会（福祉）サービス法」であり，とくに障害者の生活については94年施行の「機能が満足でない人のための扶助とサービス法（LSS法）」である．前者では社会（福祉）サービスの責任は自治体にあると定め，そこに住む住民のすべてがサービスを受ける権利をもつとした．したがって住民は場合によっては，自分の生活が"適切な生活水準を保障するかどうか"を行政裁判所に再審査請求として不服控訴ができることになった．また後者では"普通の人が通常行っていることのすべてについて障害者も行う権利がある"とし，関連法で専属介護者や付添人のアシスタンス補償金を支給，また障害者をもつ親の経済的援助を両親手当によって拡充するなど，画期的な改革を進めている．

　西欧社会は，80年代半ばからの英・サッチャー政権がとった新自由主義[22]思想とその経済運営による社会改革や，ソ連邦の崩壊にともなう90年代に入っての社会主義政治体制とその政策の見直しなど，巨大な変革の波を受けてきたが，西欧社会の一員であるスウェーデンは，そうした歴史変化を受けつつも，自らが築いてきたこれまでの道の，さらに先を目指して歩み続けようとしているようである．しかしそこに作られる新たな道も，その国自身が歴史的に培ってきた哲学思想・価値理念の基盤をもつので，時代変化にともなって社会に生じるさまざまな現象があたかも個別にみえはするものの，その国の人びとからすれば，実はそれらはつながりをもっているものとしてみえて，これまでの道

---

22)「新自由主義」の言葉自体は歴史的にさまざま見出されるが，ここでは80年代唱えられた，経済理論におけるマルクス主義もケインズ主義も，これらが国家による設計主義であるとし，大きな政府の危険性を指摘して市場メカニズムにまかせる経済論の主張．

を延長していくということになるのであろう．"からだのバリアフリー"から"ことばのバリアフリー"，さらに"こころのバリアフリー"までが，スウェーデン社会では一望の下に収められているのである．

　わが国もまた敗戦直後の貧窮からすれば，「生活保護法」の制定に戦後理念を掲げつつ高度経済成長の成果を受けて，社会福祉の充実を図ってきた．しかしながら，障害者，外国人を含めてハンディキャップをもつ人のすべてにかかわる，価値理念とその実現のための制度体系をまだ生み出していない．高齢化社会での老人の介護はもとより，極端な少子化のもとでの乳幼児の育成と，わが国の課題もまた多く目前に迫っている．近代国家として，民主・平等・連帯・保障を基礎に置く福祉社会への新しい道が必要なのであり，経済的な成功とその成果を何に向けてきたか，そしてこれからは何に向けていくかの，国民合意の価値観がいま切実に問われているのである．もしもそうでなければ，発足した介護保険制度での高齢者向け住宅改良補助金めがけ事情不通の老人世帯に取り入っては，ずさんな工事で福祉資金をかすめ取るような建築業者の出没を，抑止することもできないのではないか．日本にもやっと現実となった，切実で身近な住まいのバリアフリーはいまこんな形で進行している．

（大村好久）

参考文献

岡沢憲芙『スウェーデンの挑戦』岩波新書　1991年
二文字理明・伊藤正純編著『スウェーデンにみる個性重視社会』桜井書店　2002年
フォルシュ，M.（文），レムティネン，E.（写真）『リーサのたのしい一日』愛育社　2002（原著1998）年

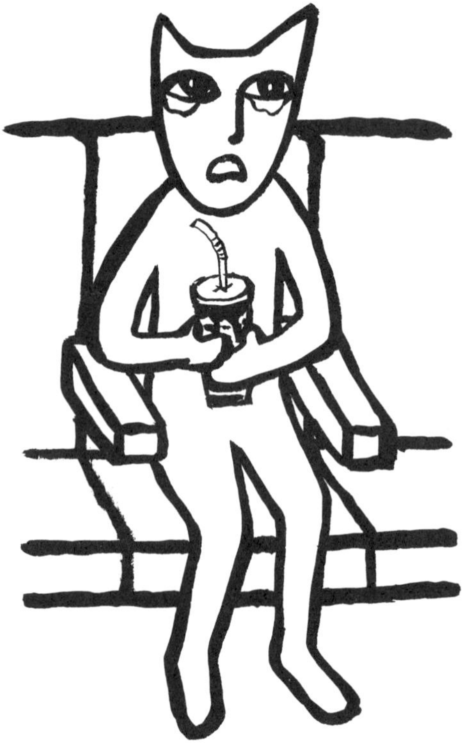

Part II
Weekend
ダイスケさんの場合

〈オープニングストーリー〉

　大学2年生，20歳です．来年の1月に成人式迎えます．週末の過ごし方ですか？　ボクはどちらかというとバイト人間なので，たいていバイト入れてます．

　バイト（⇒第5章）先は百貨店(デパート)（⇒第5章）と塾講です．何もない日は昼ごろまで寝ちゃう時もありますね．友だちからケータイかかってきて起きるなんて時もあるし……．あ，はい，独り暮らしです．

　起きたらまずやることは……テレビ（⇒第6章）をつけることですかね．身体を起すっていうか頭を起こすっていうか，まぁ目覚ましみたいなもんですかね．家にいる時はそのまま寝るまでつけてるって感じかな．

　バイトない時は，彼女と出かけたりします．こないだは映画行ったんですけど，ボク，けっこう涙もろくて，感動して涙（⇒第7章）でてきちゃったんですよ．周りの人にみられると恥ずかしいから，明るくなる前に必死でなんとかしましたけどね（笑）．そういや先週の週末は美容院行ってきました．まぁ，大学生だからファッション（⇒第8章）にはそれなりに気をつけないといけませんしね．

第5章
百貨店(デパート)とバイト
──社会階層論入門──

　皆さんの中には，ダイスケさんと同じようにバイトをしている人，これからやろうと思っている人も多いことでしょう．ダイスケさんのバイト先は，街の中心部の百貨店(デパート)です．バイトと百貨店(デパート)──実はこの2つについてよく考えていくと，今の社会のことがいろいろとみえてくるのです．

1 ** バイトって，何？

　バイトすなわちアルバイトの語源は，ドイツ語の Arbeit．もともとは労働とか苦労という意味の言葉ですが，戦後の日本では「本業とは別に収入を得るためにする労働」という意味で使われるようになりました．したがって，会社員が勤務時間外に別の仕事をしている場合などもアルバイトにあたりますが，やはりその中心は高校生や大学生．つまり，「学業」という本業とは別に，収入を得るために労働している若者たちです．これとは別に，パートという言葉もありますが，これは多くの場合パートタイム労働，つまり正社員に比べて勤務時間の短い労働という意味で使われています．主婦のように家事や育児など以外の本業がない人びとが，かなりの程度に継続して労働している場合には，アルバイトと区別してパートと呼ぶのが普通です．しかし広い意味ではアルバイトもパートの一種で，両者の区別ははっきりしたものではなく，統計上はしばしば同じものとして扱われます．

　ここで，パート・アルバイトが職業をもって働く人びと全体の中に占める位置を確かめておきましょう．表1をみて下さい．職業をもって働く人びと（就

表1　就業者の構成

経営者・役員	
被雇用者 (1) 正規の職員・従業員（正規労働者） (2) 非正規の職員・従業員（非正規労働者） 　　パート・アルバイト 　　契約社員・嘱託 　　派遣労働者	自営業者 家族従業者

業者）は，大きく3つの種類に分けることができます．第1は，自営業者・家族従業者．自分で店や工場，農園などをもっていて，主に自分自身と家族でこれを切り回している人びとです．第2は，経営者・役員．規模の大きい店や工場，オフィスなどをもっていて，何人もの人を雇ってこれを経営している人びとです．そして3番目が，被雇用者．雇われて働き，賃金をもらって生活している人びとです．

　被雇用者には，仕事の中身や役職の有無など，さまざまな種類の人びとがいます．したがって，さらに何種類もの人びとに区分することができますが，もっとも基本的な区分のひとつは，正規労働者と非正規労働者です．正規労働者は，休日を除いて毎日，一定時間働く人びとのことで，一般には「正社員」などと呼ばれています．これに対して非正規労働者は，雇用の期間が限られていたり，勤務時間が短いなど，正規労働者とは雇用のあり方が異なる人びとのことです．非正規労働者にはパート・アルバイトのほか，契約社員・嘱託と派遣労働者がいます．契約社員・嘱託は，パート・アルバイトと厳密には区別できませんが，専門的な知識をもつ人や中高年の男性を期限を区切って採用する場

合に，この呼び名が使われることが多いようです．また派遣労働者は，ある会社に雇われながら，取引のある会社の製造・販売現場などに派遣されて働く労働者で，百貨店の売り場には，食品や衣類・化粧品などを扱う会社から派遣された労働者がたくさん配置されています．

　図1をみればわかるように，最近の日本では，非正規労働者が急増しています．1993年には，被雇用者に占める非正規労働者の比率は20％程度でした．ところが2001年には，27％を超えています．人数でいうと，なんと374万人の増加です．その中心部分であるパート・アルバイトは約，16.9％から23.0％へ，人数にして351万人も増えました．その一方で正規労働者は，79.2％から72.8％へと，大幅に減っているのです．業界別の統計によれば，非正規労働者の増加がもっとも目立つのは「卸売・小売業，飲食店」，つまり，百貨

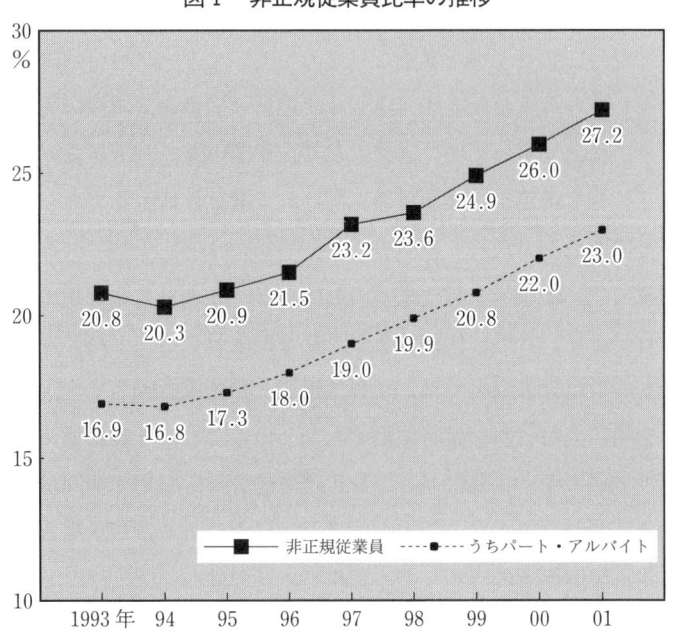

図1　非正規従業員比率の推移

年	非正規従業員	うちパート・アルバイト
1993	20.8	16.9
94	20.3	16.8
95	20.9	17.3
96	21.5	18.0
97	23.2	19.0
98	23.6	19.9
99	24.9	20.8
00	26.0	22.0
01	27.2	23.0

注）非農林業の被雇用者に占める非正規従業員の比率
出所）『労働力調査特別調査』による

表2 百貨店の正社員とパートタイマーの時給

	年間給与額（万円）	年間労働時間（時間）	時給（円）
百貨店店員（男女計・正社員）	383.6	2,067	1,856
百貨店店員（男性・正社員）	461.9	2,148	2,150
百貨店店員（女性・正社員）	333.7	2,016	1,655
パート（男女計，卸売業・小売業・飲食店）	107.4	1,208	889

出所）『2001年賃金構造基本調査』より

店・スーパーやファミリーレストランなどの業界で，従業員全体に占めるパート・アルバイトの比率は，なんと44.2％にも達しています．ダイスケさんのような非正規労働者ぬきには，成り立たない業界なのです．

それではこれらの企業は，どうしてパート・アルバイトなどの非正規労働者を増やしているのでしょうか．その理由は，とっても単純．人件費が減らせるからです．労働省の行った調査によると，「卸売・小売業，飲食店」にあたる企業の68.2％までが，パートを雇う理由として「人件費の節約のため」をあげています[1]．では，実際にどれくらい人件費を節約できるのでしょう．表2をみて下さい．これは，百貨店の店員（正社員）の賃金と，「卸売・小売業，飲食店」で働くパートの賃金を比較したものです．正社員の賃金を時給に換算すると，男性2,150円，女性1,655円，平均で1,856円．これに対してパートの時給は889円．正社員の半分以下にしかなりません．パートを雇う方が，ずっと安上がりだということがわかりますね．

賃金が安いだけではありません．仕事の中身も違います．従業員の配置や仕事の内容を決めたり，命令したりするのは，もちろん正社員の仕事です．さらには仕入れ先の業者との交渉，売り上げ状況の分析など，多くの知識や経験を必要とする仕事は，正社員が行います．また商品知識が必要とされる売り場では，正社員が中心になってお客さんの応対をします．これに対してパートは，

---

[1]『就業形態の多様化に関する総合実態調査』労働省　1999年

入金処理，包装や梱包，用度（備品や事務用品の管理）など，高い技能や知識を必要としない作業を主に担当します．重要で高度な仕事は正社員，重要性が低く単純な仕事はパート，という分業が行われているのです．[2]

　正社員も，一様ではありません．表2からもわかるように，同じ正社員でも男性と女性とでは賃金が大きく違います．その背景には，男性と女性が異なる職務に就くという構造があります．東京のある百貨店を対象とした調査によると，男性と女性は入社した時点から異なる扱いを受けています．女性正社員ははじめ，販売とともに，レジ打ちや梱包，用度，伝票整理などパートと同じような仕事に就きます．そして経験を積むにしたがって販売の中心を担うようになっていきますが，管理職にまで昇進する女性はごくわずかです．これに対して男性は，はじめから女性とは区別されて，商品の出し入れ，納品・返品作業，さらには商品の値下げやタイム・サービスなど通常とは異なる販売活動に関わる仕事を任せられ，残業もたくさんこなし，順調に管理職へと昇進していくのです．[3]

　さらに百貨店では，数多くの派遣労働者が，販売の第一線を担っています．これらの人びと――ほとんどが女性――は，商品を製造・開発している会社から派遣された，いわば「販売のプロ」です．彼女たちは百貨店の正社員からいろいろと指示される一方で，派遣元の会社から売り上げ状況を厳しくチェックされ，その結果にしたがって賃金を決められます．[4] 年収は200〜300万円という人がいちばん多く，賃金水準はパート・アルバイトと正社員の中間ということができます．[5]

2）佐野嘉秀「パート労働の職域と労使関係――百貨店業A社の事例」『日本労働研究雑誌』2000年8月号
3）木本喜美子「女の仕事と男の仕事」鎌田とし子・矢澤澄子・木本喜美子編『ジェンダー（講座社会学14）』東京大学出版会　1999年
4）同上
5）『労働者派遣事業実態調査結果報告』厚生労働省　2001年

このようにふだん見慣れている百貨店の売り場は，男性正社員，女性正社員，派遣労働者，そしてパート・アルバイトなど，それぞれ雇用の形態や仕事の中身，賃金水準などが大きく異なる人びとから成り立っているのです．

2 ** 「社会階層」の視点

百貨店の売り場ひとつをとってみても，これほど多様な人びとが含まれているのですから，社会全体となるとさらに複雑になるのはいうまでもありません．この社会は，職業も，収入の額も，そして生活水準や生活のスタイルも大きく異なる，さまざまな人びとから成り立っています．これほどまでに多様な人びととの間の関係を単純化して理解するために，社会学では「社会階層」という概念を使います．

人びとは，単にお互いに異なっているというだけではありません．人びとの間には，しばしば序列の関係があります．たとえば百貨店の従業員は，頂点に管理職，その下に男性正社員，さらにその下に女性正社員と派遣労働者，いちばん下にパート・アルバイトというふうに序列づけられています．人びとを序列づける基準となるのは，賃金の額，職場での権限，その仕事に対する評価の高さ，手にすることのできる情報の量などです．

少し理論的にいいかえてみましょう．経済学や社会学では一般に，人間生活に有用な〈もの〉を総称して「財（goods）」と呼びます．この中には，形をもったさまざまな「物」だけでなく，権力や人脈，人間的な魅力，知識や技術なども含まれます．これらの財の中には，とても有用性が高く，他のさまざまな財を得るための手段としても役に立つような，基本的な財が何種類かあります．いちばんわかりやすいのは貨幣＝お金でしょう．お金があれば，いろんな物を買うことができるし，他人に影響を与えることもできますから．そして社会学では，こうした基本的な財を「社会的資源」と呼び，次の4種類を区別するのが普通です．

(1) 富（wealth）：欲求充足の手段として役立つ財貨
(2) 権力（power）：自己の目標実現のために他者を動かす力
(3) 威信（prestige）：他の社会成員一般からの評価や格付け
(4) 情報（information）：社会的に有用な知識

　社会的資源は，人びとの間に不平等に配分されています．つまり，たくさんもっている人と，少ししかもっていない人がいます．また，お金はあるけど威信のない人，情報はあるけどお金のない人など，もっている社会的資源の種類にも違いがあります．したがって人びとは，それぞれがもっている社会的資源の種類や量によって，序列化されたり区別されたりすることになります．ここから社会学では，次のように「社会階層」を定義します．

　人びとが社会的資源の量や種類によって序列化・区分化されていて，これがかなりの程度に安定している状態のこと，あるいはこのように序列化・区分化されたそれぞれの部分のことを社会階層という．

　社会階層のことを，英語では，social　stratification　といいますが，stratificationを辞書で引くと，たいていは1番目の訳語に「地層」が出てくるはずです．つまり社会階層とは，「社会の地層」なのです．地中には，たとえば砂の層，粘土の層，岩の層などのように，性質の異なる層が上下に積み重なっています．こうした状態のこと，または異なる性質をもったそれぞれの層のことを地層と呼びます．同じように社会では，社会的資源をたくさん保有している上層，ある程度保有している中層，あまり保有していない下層のように，異なる性質をもった人びとが上下に序列化されたり，互いに区別されたりします．こうした状態のこと，または異なる性質をもったそれぞれの人びとのことを「社会の地層」，つまり社会階層と呼ぶのです．このように社会階層という用語には，「人びとが序列化・区分化された状態」「序列化・区分化されたそれぞれの人びと」という2つの意味があります．この2つを区別するために，前

者を「階層構造」，後者を「階層」と呼ぶこともあります．

　社会階層という視点からみると，多種多様な人びとから成り立っている複雑な社会を，何種類かの社会階層から成り立っているものとしてわかりやすく表現することができます．実際に人びとを区分する場合，いちばん注目されることの多いのは職業です．というのも，人がどのような社会的資源を手にすることができるかは，職業によって決まることが多いからです．区分の方法にはいくつかの種類がありますが，ひとつの例を紹介しましょう．表 1 でみたように，人びとはその職業によって「自営業者・家族従業者」「経営者・役員」「被雇用者」に区分できます．ここでさらに被雇用者を，地位や権限に基づいて上層部分と下層部分に分ければ，次のような社会階層 4 分類を作ることができます[6]．

1．経営者・役員
2．被雇用者上層
3．被雇用者下層
4．自営業者・家族従業者

　これら 4 種類の人びとは，仕事の内容も，収入の額や財産の量も大きく違います．それだけではありません．生活への満足度や政党支持，そして余暇活動の内容や趣味などの点でも大きく違います．これらの違いを，1995 年 SSM 調査[7]の結果に基づいて示したのが，表 3 です．経営者・役員はもっとも豊かな階層です．収入の額や財産の量は飛び抜けて多く，芸術や文化にもかなりの程度に親しんでいますが，政治的には保守的で自民党支持率がもっとも高くなっています．被雇用者上層は，豊かさの点では中間的な階層ですが，学歴はもっとも高く，また芸術や文化に親しむ人の比率はもっとも高くなっています．被

6）人びとをそれぞれの社会階層に区分する方法は，いくつかの社会学的な理論に基づいて決定されます．ここで紹介した階層 4 分類は，階級理論と呼ばれる理論に基づくもので，より理論的な言い方では，(1)を資本家階級，(2)を新中間階級，(3)を労働者階級，(4)を旧中間階級と呼びます．
7）社会階層に関する研究のために行われている，日本でもっとも重要な社会調査のひとつ．1955 年から 10 年おきに行われ，2005 年には 6 回目の調査が行われる予定です．

表3　4つの社会階層の特徴

	経営者・役員	被雇用者上層	被雇用者下層	自営業者・家族従業者
全就業者に占める割合	9.2%	23.5%	45.4%	21.9%
大学短大出身者比率	36.4%	51.9%	15.5%	15.6%
家計の平均年収	1,294万円	871万円	683万円	849万円
金融資産の平均額	3,658万円	1,415万円	946万円	2,036万円
自民党支持率	40.2%	18.3%	17.5%	35.9%
美術館・博物館に行く†	54.2%	60.7%	39.8%	31.0%
クラシック音楽のコンサートに行く†	30.0%	31.4%	17.9%	10.7%
小説や歴史の本を読む†	60.0%	80.8%	52.3%	47.3%

注) †印の項目は「最近5,6年の間にしたことのある人」の比率で,男性のみ.
出所) 1995年SSM調査データによる

雇用者下層は,もっとも経済的に恵まれない階層です.学歴も低く,芸術や文化に親しむことも比較的少なくなっていますが,[8] 自民党中心の政治に対してはもっとも批判的です.自営業者・家族従業者は,豊かさの点では中間的な階層ですが,被雇用者上層とは違って芸術・文化に親しむことが少なく,また自民党支持率が高くなっています.

こうしてみると私たちの社会には,職業生活のあり方も,豊かさも,そして意識や趣味に至るまでさまざまな違いをもつ複数の種類の人びとがいるということがわかります.もちろん人にはそれぞれ個人差がありますから,同じ階層に属するからといってすべての人の生活や意識が同じというわけではありません.しかしこの社会に,人びとをいくつかの種類の階層へと分け隔てる傾向があるということは間違いありません.

---

8) 階層(階級)と芸術の関係については,第10章を参照してください.

3 ⁂ 百貨店と社会階層

　ダイスケさんがアルバイトをしている百貨店は，意外にも社会階層と深い関係にあります．このことは，百貨店の歴史を少しふり返ってみれば明らかです．

　世界で初めて百貨店を作ったのは，フランスのブシコー夫妻だといわれています．2人は1852年，パリにあった〈ボン・マルシェ〉という流行品店の経営に参加するようになったのを手始めに，革新的な商法を次つぎに取り入れ，1872年に今日の百貨店の原型となった大型百貨店〈ボン・マルシェ〉を開店します．巨大で壮麗な建物の内部は豪華な装飾で飾られ，そこにはありとあらゆる商品が陳列されていました．それまで普通の商店では扱われることのなかった高価な贅沢品も数多く並べられ，人びとの欲望をかき立てました．ブシコー夫妻が標的にしたのは，新興の中間階層（中間層）の人びとです．これらの人びとは当時としては経済的に恵まれていて，買い物を楽しみと考えることができるだけの豊かさを身につけはじめていました．この中間層に対して，一般庶民とは一線を画した贅沢な暮らし，「アッパー・ミドル（中流の上）」のライフ・スタイルを提案することにより，〈ボン・マルシェ〉は売り上げを伸ばしていったのです．[9]

　ブシコー夫妻が発明したこの新しい商法は，まもなく他の国にも広がっていきました．日本も，例外ではありません．日本の百貨店は，呉服店を前身として1904年に新装開店した日本橋の三越に始まるといわれていますが，三越が標的にしたのも，やはり都市の中間層でした．江戸時代，現在の都心部にあたる高台には，数多くの武家屋敷がありましたが，明治維新によって武士たちがいなくなると，役人や学者，会社員などの新しい中間層が住むようになりまし

---

9) 鹿島茂『デパートを発明した夫婦』講談社現代新書　1991年

た．教育水準が高く，当時は経済的にも比較的恵まれていたこれらの人びとを取り込むため，三越は知識人を集めた研究会を作ったり，文化的な催しを頻繁に開きました．[10] たとえば，子ども用品を売るために，当時はまだ珍しかった西洋楽器による吹奏楽団を子どもたちだけで編成して，定期的に演奏会を開きます．団員たちは東京市民のアイドルとなり，大いに宣伝に役立ったといいます．団員の中には，後にオペラ歌手として大活躍した田谷力三のような，才能のある子どもたちが含まれていました．[11] こうして三越は，「高級さと文化を創り出す憧れの存在」[12] になり，そうであることによって売り上げを伸ばしていったのです．

昭和期になると，都心と郊外を結ぶ鉄道路線の発展を背景に，新宿，渋谷，池袋などのターミナル駅の近くに，数多くの百貨店が開業するようになりました．[13] こうして百貨店が標的にするお客さんの範囲は郊外に住む広い範囲の人びとへと拡大し，利用するのは中間層には限られなくなりました．つまり，百貨店はより大衆的なものになったのです．この傾向は，戦後になってさらに強

表4　年間収入5分位別消費支出額と百貨店利用状況

	月間消費支出（円）	百貨店での購入額（円）	消費支出に占める割合
第I分位	225,585	6,858	3.04%
第II分位	274,395	8,867	3.23%
第III分位	319,733	11,660	3.65%
第IV分位	380,928	14,994	3.94%
第V分位	475,822	21,787	4.58%

注）1．収入5分位：第I分位は490万円未満，第II分位は490〜650万円，第III分位は650〜820万円，第IV分位は820〜1,062万円，第V分位は1,062万円以上．
　　2．勤労者世帯のみ．
出所）『1999年度消費実態調査』より

10）初田亨『百貨店の誕生』ちくま学芸文庫　1999年
11）清島利典『恋はやさしい野辺の花よ——田谷力三と浅草オペラ』大月書店　1993年
12）初田亨『百貨店の誕生』前出　122ページ
13）東京という街を社会学するには，第11章を参照して下さい．

まります．いまでは百貨店は，ほとんどすべての人が買い物をする場所となり，特定の社会階層との結びつきはなくなったようにもみえます．しかし，必ずしもそうではありません．

　表4をみて下さい．これは勤労者世帯（世帯主が被雇用者である世帯）を家計の豊かさに基づいて所得5分位といわれる方法で分類し，これと百貨店の利用状況の関係をみたものです．所得5分位とは，世帯をもっとも経済力のない世帯からもっとも豊かな世帯まで順番に並べて，上位20％，その次の20％……というふうに5等分した一種の階層分類で，政府の統計ではよく使われます．もっとも豊かな第Ⅴ分位の月間消費支出（支出から税金，預金やローン返済，保険料などを差し引いた，消費目的の支出）は約47.6万円で，もっとも経済力のない第Ⅰ分位の約2倍ですが，百貨店での購入額は約2.2万円で，第Ⅰ分位の約3倍．つまり豊かな人びとの方が，百貨店で買い物をすることが多いということがわかります．百貨店での購入額が消費支出全体に占める割合をみると，収入の多い世帯ほど大きくなっていることが明らかです．見方を変えれば，豊かな階層である所得第Ⅳ分位とⅤ分位だけで，百貨店の売り上げの約57％を占めているということもわかります．このように現在でも，百貨店は「中流以上」の人びとを主なお客さんにしているのです．それは何よりも，スーパーやディスカウントショップとは違って百貨店が，「高質な生活提案」を売り物にしていて，「高級・高質品を高くても売る」という性格をもっているからでしょう．[14]

4 ** 社会階層と若者たちの進路

　日本では一時期まで，高度経済成長のおかげで収入の格差や生活水準の格差が小さくなり，日本は格差のない均質な社会になったという見解が広まってい

---

14) 小山周三『現代の百貨店』日本経済新聞社　1997年

ました．たしかに，大部分の人にまで豊かさが広がってきたという事実は否定できません．しかし表3でみたように，人びとをその職業に基づいていくつかの社会階層に分けてみると，それらの間の違いはけっして小さくありません．明らかに日本は，人びとがいくつかの階層に分け隔てられた社会なのです．

しかも階層間の格差は近年，拡大傾向にあると考えられます．所得に関する統計を用いた分析によると，日本では1980年代に入ってから，所得の格差が拡大し続けています．格差の大きさは，米国よりは小さいのですが，平等度の高い北欧の国々よりは明らかに大きく，それ以外のヨーロッパの国々とほぼ同じです．[15] しかも最近では，個々人の業績に基づいて賃金に大きな差をつける「能力主義」「成果主義」といわれるやり方をとる企業が増えています．また先にみたように，低賃金の非正規労働者も急増しています．したがってこれからの日本では，所得の格差が拡大を続けるでしょう．その結果，社会階層の間の違いはさらにはっきりしたものになっていくかもしれません．それでは，これから社会に出て行く若者たちは，この中でどのような位置を占めることになるのでしょうか．

一昔前までの日本では，大学院に進学したり，就職を望まなかったりする一部の若者を除けば，大学生の大部分が卒業後ただちに就職しました．ところが1990年代に入ってから就職率は急速に低下を続け，2002年卒業者では就職率が56.9％にまで下がってしまいました．その他には大学院に進学したり，研修医になるなど進路のはっきりしている人もいますが，進学も就職もしていない人と一時的な仕事に就いた人が25.9％にものぼっています．[16] その原因は，大きく分けて2つあります．第1に，長引く不況のため企業が採用を手控えていて，就職したいのに就職できない若者たちが増えていること，第2に，はっきりした形で就職せず，アルバイトなどをして生活する「フリーター」と呼ば

---

15) 橘木俊詔『日本の経済格差』岩波書店　1998年
16) 文部科学省『学校基本調査』2002年

れる若者たちが増えていることです．この2つの要因は，実は関連しています．というのは，自分の望むような就職のできなかった若者が，就職をあきらめたり，いったん就職したのにすぐに辞めてしまって，フリーターになるケースが多いからです．実際，フリーターたちのかなりの部分は，正社員になることを望んでいます[17]．しかし，その道は険しいといわざるを得ません．というのは，かなりの企業が正社員を採用するときに，就職希望者のフリーター経験を「マイナスに評価する」と答えているからです[18]．

日本の企業は，人件費を減らすため，正社員を減らしてアルバイト・パートを増やしてきました．このため若者たちは，就職難に追いやられています．仕方なく，若者たちはアルバイトをしながら就職のチャンスを待っているのですが，そうすると今度は企業から「マイナスに評価」されてしまうのです．このままでは，格差拡大の中で不利益をこうむる若者たちが増えていくことになりかねません．日本の格差拡大傾向は，まさに若者たちの直面する問題なのです．

アルバイトをしている，あるいはこれからしようと思っている皆さん．将来の就職にいろいろな希望や不安をもっている皆さん．そして，「フリーターでもいいや」と思っている皆さん．どんな進路を選ぼうとも，皆さんの進路選択は，今ある社会階層の構造の中で行われるしかありません．このように社会階層は，皆さんの人生を大きく制約する舞台装置です．だからこそ，より主体的な，そして後悔することのない進路選択＝人生選びのためには，社会階層について知ることが必要になります．また，必要ならば，格差拡大の傾向に歯止めをかけたり，格差を縮小させたりすることも検討されるべきです．社会階層の研究は，格差が拡大する原因を明らかにすることを大きな目的のひとつにしています．だからこそ，そこから格差を縮小する方法もみえてきます．このよう

---

17)『労働白書』労働省　2000年
18)『雇用管理調査』厚生労働省　2001年，によると，30.2％の企業がフリーター経験を「マイナスに評価する」と答えています．「プラスに評価する」という企業は，わずか3.1％です．

に社会階層の研究は，現代社会と正面から向き合うための強力な武器を提供してくれるのです．

(橋本健二)

参考文献
〔現代日本の労働について知るために〕
熊沢誠『新編・日本の労働者像』筑摩書房　1993年
玄田有史『仕事の中の曖昧な不安』中央公論新社　2001年
レノレ，A.『出る杭は打たれる――フランス人労働司祭の日本人論』岩波書店　2002（原著1993）年
〔社会階層論を学ぶために〕
エジェル，S.『階級とは何か』青木書店　2002（原著1993）年
笹谷春美・小内透・吉崎祥司編著『階級・ジェンダー・エスニシティ』中央法規　2002年
橘木俊詔『日本の経済格差』岩波書店　1998年
橋本健二『階級社会日本』青木書店　2001年
原純輔編『近代化と社会階層（日本の階層システム1）』東京大学出版会　2000年
原純輔編『流動化と社会格差』ミネルヴァ書房　2002年

第6章
バラエティを読む
──メディア・リテラシー入門──

ダイスケさんの独り言……
　「テレビを毎日どのくらいみているか意識したことなんてない．1日3時間が日本人の平均だっていうから，その位かな．家に帰って誰もいないとまず部屋の電気をつけ，テレビもつける．テレビのない生活は考えにくい．でも父が子どもの頃は家にテレビはなくて近所の電気屋の店頭で野球中継をみていたらしい．携帯がないと落ち着かなくなってしまったように，人間は新しいメディアにすぐ慣れるのかな．
　好きなのはバラエティ番組．『伊藤家の食卓』『SMAP×SMAP』『さんまのスーパーからくりテレビ』……バラエティは毎日必ずどこかの局で放送されている．
　ところでバラエティって何だろう．わかっているようで案外わからない．バラエティ番組のことを調べてみようかな」
　メディア・リテラシーとは，メディアを使いこなす能力のこと．番組やCMを批判的・創造的に読み解いたり，メディアを使って発信する能力を指します（鈴木2001）．この章は，ダイスケさんの好きなテレビ・バラエティについてのリテラシー入門編です．

1 ** 番組のジャンルとバラエティ

　首都圏の大学生を対象とした番組視聴調査によると，「コメディ・バラエティ」は「ニュース報道」に次いでよくみられています（萩原2002）．一方，子ど

もの保護者を対象にした調査では「子どもにみせたくない番組」の上位を独占しているのが「バラエティ番組」です。人気があるけれど嫌われてもいるのがバラエティ番組なのです。ではバラエティって何でしょう。実はバラエティを定義するのは案外むずかしいのです。

テレビ番組を大きく分けると、報道番組、教育・教養番組、娯楽番組、スポーツ番組というように特徴をもった番組群に分類することができます。テレビ局の組織自体も「報道部」「エンターテインメント部」「教育・教養部」というように、制作している番組の特徴に対応して分かれています。放送局についての知識がなくても、私たちは、その番組がどんなタイプの番組かを「なんとなく」知っています。このように大きな括りを番組のジャンルと呼ぶことにしましょう。番組形式や演出・構成の仕方によって、ジャンルはさらに細かく分類することもできます。

報道番組ですぐに思いつくのは、ニュースとドキュメンタリーでしょう[1]。かつてはテレビの花形だったドキュメンタリー番組は近年減少し、ニュース番組にも娯楽化の波が押し寄せています。娯楽番組では、ドラマや音楽番組、クイズなどが思い浮かぶでしょう。ドラマは台本に基づいて俳優が役柄を演じ、ストーリーが展開するし、クイズ番組なら、出演者が出題されたクイズを解いていくもの、音楽番組は司会進行役がいて歌や演奏が展開していくものといった具合です。バラエティも娯楽番組のジャンルに属します。

ところが最近は、番組の構成が複雑になり、ジャンルの境界が浸透しあって区別が曖昧になっています。音楽番組だと思ってみても、トーク中心で歌手の歌はごくわずかというものも珍しくありません。NHKの歌謡番組のような演奏中心の単純な構成の音楽番組は減っています。ドキュメンタリータッチの内容を含む『電波少年』や『ガチンコ』などのバラエティにも人気が出て、バラ

---

1) ドキュメンタリー番組の制作については、第9章を参照して下さい。

エティも様変わりしています（日本放送協会 2001）．さまざまな娯楽的要素を複雑に組み合わせた番組が増え，その意味ではあらゆる番組がバラエティ化しているのが最近の傾向です．このように総バラエティ化の傾向があるので，「バラエティ番組とは何か」を考えるのは少しややこしく，だからこそ興味深いのです．

2 ** バラエティ番組の定義

　新聞のテレビ番組欄や，テレビ番組紹介誌から，あなたがバラエティ番組だと思うものを拾いだしてみましょう．たくさんありますね．ではなぜそれをバラエティだと思うのか理由を考えて下さい．友人や家族といっしょにやってみると，その答えはまちまちなことに気づくでしょう．

　どの番組がバラエティでどれがそうではないのか，視聴者の解釈がずれていても日常生活に支障はありません．でもダイスケさんのように，バラエティを調査するとなると困ってしまいます．人を納得させられる定義が必要になります．どんな番組をバラエティとして取り上げるのか，バラエティかそうでないかの基準を何とか設定しましょう．

　まず手近にある辞書で「バラエティ」の項目を引いてみます．『広辞苑』では「バラエティー：①変化．多様性．②変種．③レビューで，歌謡・舞踏・寸劇などの幕なしの続演．バリエテ．④落語・漫才・曲芸・歌舞など諸種の演芸をとりまぜた演芸会．また，その種の放送番組」となっています．

　「バラエティ」なのか「バラエティー」と伸ばして表記するのかでまず違っていましたね．それにテレビのバラエティ番組のイメージとしては④がもっとも近いといっても，現在テレビで「バラエティだ」と思ってみている番組には

2）ここでは，日常的な筆者の語感に基づいてバラエティと表記します．ただし，論文などを引用する際には原文のままとしています．

「曲芸や歌舞」はなじみません。もっとしっくりする定義はないのでしょうか。私たちがなんとなくイメージしているテレビバラエティ番組の特徴をすべておさえ、しかもバラエティ以外の番組とくっきり区別できるような定義はないのでしょうか。

ダイスケさんは早くもこのあたりでバラエティの研究をあきらめようとするかもしれませんね。でも、ここで引き返してはバラエティをテーマにしたレポートは書けません。あきらめるのはまだ早い。テレビ番組研究、とくに娯楽番組については、現在どんどん研究が進んでいる分野です。研究者たちがどんな定義をしているのかを調べてみましょう。そのためにはテレビ番組について書かれている本や論文を調べる必要があります[3]。

図書館でみつけた論文のひとつを例にとります。論文タイトルは「日常感覚に寄り添うバラエティー番組～番組内容分析による一考察」(友宗・原・重森 2001)。この論文の第1章は「バラエティーの定義と対象番組」は私たちの目的にぴったりです。そこで読んでみるとこの論文の著者たちも「バラエティとはどんな番組か」を定義するのにけっこう苦労した様子がわかります。採用された定義は「現代のバラエティー番組とは、『報道、ドキュメンタリーのように個別のジャンルを確立した番組の中に分類できないもの』で、『笑い、感動、共感、恐怖、知的満足感などによって、楽しみながら見られる』、『基本的にスタジオで、タレントや知名人が進行させ、他にも複数のタレントが参加する』、『その語源のように異なるコーナーが存在する』」というもの。なるほど、私たちがバラエティだと思っている番組はおおよそこの定義にあてはまりそうです。これを出発点にすることにしましょう。もし不充分だと思ったら、この定義を修正してあなた自身がもっと納得できる定義を工夫してみて下さい。

---

3) 専門的には日本マス・コミュニケーション学会の『マス・コミュニケーション研究』、NHK放送文化研究所が出している『放送研究と調査』などがあります。これらは大学図書館に備えられています。

3 ** バラエティ番組を研究する

3−1．グループ共同研究のすすめ

　さて，先の研究では，定義に基づいて3人の研究者がそれぞれある番組がバラエティにあたるかどうかを判断していったそうです．そして2人以上が合意したものをバラエティ番組であると決めて分析対象に選んだのです．おもしろいのは，全員の判定が合致した割合は67％，つまり7割以下でしかなかったという点です．定義をしたうえで番組を分類しても，判断に迷うケースが出てくるのですね．

　ある人はバラエティ，ある人は音楽番組という具合に判定が食い違うことはしばしばおこります．同じ番組でも，内容の構成や形式などが，放送時期や演出ディレクターによって変化することもあります．「これこそバラエティだ」と思っていた番組が，特別番組として通常とは違う形式で放送されることもあります．番組は生き物ですし，判断する私たちにも絶対的な物差しはないのです．食い違った場合どうすればいいでしょう．複数の人が判断し，多数派の判断に従うというルールを作っておくのが無難です．

　こうした場合に限らず，テレビ番組研究は，グループで共同研究をすることを勧めたいと思います．たくさんの録画をするには手間がかかるし，録画に失敗するリスクもかなりあります．同じ番組についていろいろな解釈ができるのがテレビの面白さでもありますが，一人で考えていると迷路に入り込みやすいところもあります．多様な解釈についてさまざまな立場で話し合うこと自体が，あなたのリテラシーを高めることにもなるのです．

3−2．目的が先か，手段が先か

　テレビというのは，日常的に接する身近なメディアです．テレビ番組の中でも気楽にみているジャンルがバラエティなので，研究も楽しんで面白くやりたいと思うのが人情というもの．好きなタレントや番組だからこそ，研究対象に

したいという人も多いのです．ところがこれが意外と難航します．それは，好きというだけで目的も方法も決めずに出発してしまいがちだからです．

まず，研究の目的を決めましょう．しかし目的をはっきりさせるには，対象をしっかり観察しなければなりません．好きなタレントの出ている番組でほとんどみているからといっても，放送番組はすぐに消え去ってしまう．記録もとらずにみている番組を，記憶だけに頼って分析するのはリスクが大きすぎます．録画していないと話になりません．

3－3．素材を集める

では目的がはっきりしていれば，素材集めがしやすいかというと限界があります．ここが新聞などの印刷媒体とは大きく違うところです．テレビドラマの中にはビデオ化された作品もありますが，バラエティの場合，ビデオ化されたものはほとんどないといっていいでしょう．番組研究では素材集め（録画番組の入手）の難しさが壁になりやすいのです．過去の放送番組を保存し公開する機関も整いつつありますが，みることができるのは放送番組のごく一部に過ぎません．

目的と対象を明確にして素材を集める方法と，目的をある程度は明確にするものの，どんな分析ができるかは素材を集めてから後で考える，というやり方があります．目的が決まるまでに時間がかかりそうなら，たとえば一定期間（2週間分程度）プライムタイムの各局のバラエティ番組を全部（あるいは数局分）録画してみてはどうでしょう．テレビバラエティが好きで，興味の的を絞れないという人には，後者の方法を勧めます．

3－4．素材を料理する

集めた素材（番組）を，いろいろな方法で料理（分析）できます．いくつかのヒントを出しましょう．

NHKと民間放送が共同で設置している「放送と青少年に関する委員会」には視聴者からの批判的意見が毎月数多く寄せられています[4]．その中にはバラエティ批判がかなり多いのです．視聴者からの意見がまとめて掲載される月報を

読んでみましょう.「最近のバラエティーは見ていて気分の悪くなるものが多い」という意見がある一方,「バラエティーを低俗と言い切るのはおかしい.本質を見ず,批判する人の人間性を問いたい」という反論も掲載されています(放送番組向上協議会 2002).両方とも 10 代からのメールでの意見です.

ところがこうした意見の応酬は,データに基づくというより,たまたま目にした番組についてのものが多いようです.番組を批判するにしても,反論するにしても,主張を裏付けるデータがあれば説得力が増します.問題表現は,どのバラエティにも共通なのでしょうか,それとも特定の番組の問題なのでしょうか.バラエティ番組の暴力シーンはどのようなもので,暴力の程度はどの位か,それは誰から誰に向けて行使されているのか,などの項目を立てて内容を分析し,局ごとの比較や出演者による特徴をあぶりだすことができます(岩男 2000).

また,実験もできます(佐々木 1996).バラエティ番組では,よく笑い声が効果音的に使われていますね.しかもかなり暴力的なシーンにも笑い声が聞こえます.これは暴力シーンをみている視聴者にどんな影響をもたらしているのでしょう.最近は録画した素材をパソコンで編集することが容易なので,実験調査のための素材をつくってはどうでしょう.

殴ったり,蹴ったりしているシーンに,効果音で笑い声を加えた場面とそうでない場面を用意し,視聴者の受け止め方を比較してみるのです.笑い声の有無で,視聴者が同じシーンを暴力的だと受け止める度合いは違うかもしれません.年齢や性別,暴力被害の経験などによっても感じ方がどう異なるのでしょうか.

ジェンダー(文化的・社会的につくられる性別・性差)[5]に関心をもつ人ならば,出

---

4)「放送と青少年に関する委員会」の事務局は電話 03-5211-7511,ファックス 03-5211-7512.青少年と放送に関する意見は http://2homepage2.nifty.com/kojokyo に掲載されています.
5)ジェンダーについては,第 7 章を参照して下さい.

演者やテーマ，発言などについて，ジェンダーの視点からの分析をしてはどうでしょう．子どもたちもバラエティ番組をよくみています．子どもがテレビ番組からどのように「女の子（男の子）らしさ」を学んでいくかは興味あるテーマです．人気者の出演者がメイクや衣装でどのようにジェンダーを表現しているか，提供している話題やことばづかい，仕種はどうでしょうか．

バラエティでは，男性タレントが女装して出演する番組は珍しくありません．最近だとエプロンをつけたて女装した「慎吾ママ」が人気を得ました．でも女性が男装をして人気者になるケースはあまりみませんね．異性装の場合，なぜ男性が女装する方が，視聴者に笑ってもらえるのでしょう．そこにどんな「お笑い」の歴史，ジェンダーの歴史が潜んでいるのかを解明するのも大きなテーマだと思います．

思いつくままあげてみましたが，卒業論文では先輩たちがたくさんのテレビ娯楽番組研究をしています．先輩の研究を参考にして，ユニークなあなたのテーマを探して下さい．

テーマは違っても，番組の録画や収集という面で協力しあうことはできます．同じ番組を異なる角度から分析する共同研究もおもしろいでしょう．

卒業論文を実際に書くのは4年生です．バラエティに限らずテレビ番組を具体的な研究対象にしたいなら，用意周到に早くから録画しておくと心強いものです．バラエティ番組は長く続くものが多いので，1年，あるいは2年生のときから，同じ番組を定期的に録画すれば，同じバラエティ番組または，同じタレントの3年間を追うことができます．

4** バラエティ番組を分析する

4−1．面白いことを研究する意味

みていれば面白いテレビバラエティをなぜそんな面倒な手続きをとってまで分析しようとするのかと不思議に思われるかもしれません．いったいどんな意

味があるのでしょう．

「テレビなんてばかばかしいものを研究しても，社会に出て役に立たない．もっと難しいことを勉強しなさい」と叱られる可能性さえあります．アニメやマンガ，ゲームにしても同じこと，「研究なんてするより，ただ楽しめばいいのに」といわれてしまう．

それでも研究する意味はあります．それは，なによりそうした表現（この場合は番組）を，人びとが面白がっているからです．私たちはとかく「面白いもの」の価値を低くみて，高尚なもの，抽象度が高く難しい事柄こそ意味があると考えやすいものです．テレビ番組研究でも，娯楽番組の研究になかなか手がつけられなかった背景には，高級な文化と低俗な文化（ポピュラー文化・大衆文化）を分け，前者にこそ価値があるという価値判断を働かせる学問の前提があったといえましょう（吉見 2001）．

でも，そのようにしてポピュラー文化やサブカルチャーの研究を軽んじていると，現代社会を理解することなどとてもできません．「男子厨房に入らず」ということわざは「料理は女性の仕事」という伝統的な性別分業意識に基づいています．ところが『料理の鉄人』や『SMAP×SMAP』は，「厨房に入る男性」の魅力を表現しました．主義・主張よりもむしろ，「かっこいい」「面白そう」といった要因によって，人が習慣へのこだわりを捨てていくことは珍しくありません．

現代社会における人気のある現象を分析し，面白いことや面白いモノ，素敵なこと等がもつ社会的な意味を考えることは大切です．「面白さ」や「魅力」のあるものには社会を変えていく力もその場に押し止める力もあるのです．だからこそ，社会的な意識を一定方向に導こうとする力（政治的な意図かもしれないし，商業主義による宣伝かもしれない）は，既存の「常識」や伝統の形をとり，「面白さ」を意図的・無意図的に利用して，自分たちにとって都合のよい方向で社会的現実を作り上げようとします．娯楽番組にあるそうした「みえない力」をどう読み取り，これらに対抗する読み解きをするのかという意味でも，娯楽番

組についてのメディア・リテラシーをゆたかにすることは重要です．

4−2．バラエティ研究の魅力

娯楽番組の中では，ドラマ番組の研究が先行しています．ドラマ番組には原作や脚本があり，また内容が予告されたり，人気の高かった作品が再放送される機会もあるし，放送後に商品化されることもあります．分析対象としては安定的な要素があります．逆にいうとこれらの要素を欠いているのがバラエティ番組なのです．

台本はあっても現場での変更が多く，アドリブ的要素がかなりあること，内容予告も部分的で再放送はほぼ期待できないなど，同時進行で番組を視聴したり，録画しておかないと内容を把握することは難しいでしょう．少ない予算で効果を上げようと安易なつくりのものが多かったり，番組内容の事前チェックが甘い番組もみられます．ドラマほどは放送局側の統制が効いていないので，番組が制作側の狙い通りに運ばなかったり，視聴者が自由に解釈できる幅が広く，制作意図とずれた効果をもたらす可能性も大きいのです．

ドラマでも，制作者の予期しない視聴者の読み（解釈）が生まれる可能性はありますが，バラエティではドラマ以上の距離と幅が出るように思います．ある時点での社会のあり方や価値観を，無防備に画面上に再現し，現代社会を研究しようとする者の前に晒けだしているところに，研究対象としてのテレビバラエティの面白さがあるといえるのではないでしょうか．

5 ＊＊『ここがヘンだよ日本人』を分析する

私は，2001年から3年間の予定で，番組分析の研究プロジェクトに参加してきました[6]．以下ではそこで行っているバラエティ番組分析の一部を紹介しま

---

6) 研究会の正式名称は，「慶應義塾大学メディア・コミュニケーション研究所「メディアステレオタイピング」プロジェクト（萩原滋代表）です．

第6章　バラエティを読む　97

す．ひとつの番組を多角的に分析する番組研究の魅力をぜひ知ってもらいたいからです．

5－1．『ここがヘンだよ日本人』の番組概要

『ここがヘンだよ日本人』は1998年10月から2002年3月までTBS系で放送されました．スタジオに集結した日本語の達者な100人の「外国人」と「日本人」のタレントや専門家が提示されたテーマをめぐって激論を戦わせる舌戦の加熱ぶりが人気を得たものです．進行役をつとめるビートたけしのボケぶり，テリー伊藤などレギュラーによるつっこみが魅力のひとつでした．ゾマホン・ルフィンなど，番組に出演する前は無名の素人だった外国人がこの番組への出演を契機にタレントとして活動するようになったケースもあります．

あるテーマをめぐってのトークバトルを番組化して成功した先例としては，深夜から早朝にかけての時間枠で放送されるテレビ朝日系の『朝まで生テレビ』があります．『ここヘン』はプライムタイムの番組なので，ディスカッションだけでなく，視聴率確保のためのさまざまな要素の工夫が施されているところが大きく異なっており，前者は討論番組ですが，『ここヘン』はバラエティ番組といえるでしょう．3年半の間には番組の内容や形式に変化がありますが，基本的には，スタジオでのディスカッションやプレゼンテーションとVTR取材で構成されていました．

5－2．基礎データづくり

この研究は，3－3で述べた「まず素材ありき」の好例だといえます．番組のスタートから自宅で録画していたメンバーがいたからこそ出来た研究です．定時番組のほか，時には特別番組と称した長時間番組もあって，膨大なVTRの山が出来ていました．外国人が日本語で日本文化や日本社会を批判するという番組コンセプトは，グローバリゼーションと日本社会を考える上で，非常に興味深いものでした．でもどんな方法で分析をしたらよいのでしょう．議論するうち，録画した146本の番組を文字化して基礎データをつくり，それを地図のようにして，研究メンバーそれぞれが各自の専門に応じた分析をしようとい

うことになりました．要するに放送内容が一目瞭然になるようにVTRからテープ起こしをするのです．外国人の特性と発言に注目することを確認し，スタジオ討論部分をできるだけ発言に忠実に文字化し，発言時間を記録することにしました．パソコンを使い，共通のフォーマットをつくってデータを打ち込みます．一人ずつVTRテープを持ち帰ってテレビに向かって自宅で作業しました．慣れないうちは1本起こすのに数日がかり．そのようにしてでき上がったシートが次のようなものです（表1）．

表1　スクリプトの例

1998年11月25日　たけし×外国人100人
司会　江口ともみ，ビートたけし
KONISHIKI，テリー伊藤，城戸真亜子，嵐山光三郎

	オープニング，外国人が着席したスタジオにたけし入場．拍手．あいさつ．トークバトルまであと何秒という秒読みのテロップ．	
0.45	江口	では早速まいりましょうか．今日のテーマはこちらです．
0.57	テーマ「日本人はこれを言うととても喜ぶ」（宇治平等院のビデオがバック）「外国人みたいですね」	
1.17	サクライ・ルイス・アルベルト（コロンビア，29歳，男）	六本木などに遊びに行き，クラブなどでお姉ちゃんたちにたくさん話し掛けられる．「日本人に見えないですね」というと，オーと喜びますね．100パーセント日本人の顔しているのに喜びます．（エーなどの反応）
1.24	テリー伊藤	情けないよね．
1.28	たけし	戦後の問題だったのかね．
1.28	テリー伊藤	日本人が好きじゃない，最近（テロップ）．
1.35	サクライ・ルイス・アルベルト	外国人にはかっこいいイメージあるから憧れているのでは？
1.45	たけし	でも言っておきますけど，「外国人」の中にはヨーロッパとアメリカしか入ってないですよ．
1.51	ゾマホン・ルフィン（ベナン，34歳，男，民族衣装）	日本人はヨーロッパ人に似ているといったらすごく喜ぶんですよ．
1.53	テリー伊藤	ゆっくりしゃべってよ．何言ってるか分からないから．

第6章　バラエティを読む　99

時間	発言者	発言内容
2.01	ゾマホン・ルフィン	日本人は日系カナダ人に似ているといったら喜ぶ．それはよくないですよ．
2.04	テリー伊藤	それ怒ってるの．怒ってるわけじゃないでしょ．
2.07	ゾマホン・ルフィン	アジアとかアフリカだったら喜ばない．どうして？
2.20	クレメント・アダムソン（ガーナ，35歳，男）	（ゾマホンの口調を真似て）怒ってないです．素直にしゃべってるんです（外国人笑う）．怒ってないよなー（ゾマホンに同意を求める．外国人笑う）．
2.29	たけし	そのしゃべり方やめなさいって．
2.34	ママドゥ・ドゥンビア（マリ，32歳，男，民族衣装）	白人みたいな方がいい．
2.41	テリー伊藤	黒人もそうですよ．たとえばミュージシャンの久保田利伸（写真が出る）は黒人になりたがってる．なれるわけないのに．
2.48	マンスール・ジャーニュ（セネガル，34歳，男）	黒人がかっこいいと思っている日本人はいっぱいいますよ．
	テリー伊藤	ミュージシャンの影響．ちゃんとした日本語で歌わないことがカッコイイという文化．
	たけし	(同意)アメリカなまりの日本語とかね．（ひとしきりこの話題．モレシャンのマネに外国人笑う）．
3.14	たけし	31番（と指名）．
3.26	ルツアン・リース（アメリカ，26歳，女）	日本人が外国人みたいと言われて喜ぶのは悲しい．誇りをもって．
3.46	城戸	誇りはあるが，洋服を着ると平面的な顔で似合わないのでつい鼻が高ければなどと思う．
	たけし	和服だと自信があるが，洋服になってしまったので（とまとめる）．外国人は日本人に似ているといわれて嬉しいのか？
4.05		スタジオにはさまざまな声，多くが挙手．
4.24	デビッド・ニール（アメリカ，29歳，男）	アメリカ人だが日本が好き．でも日本人にはなれず，死ぬまでアメリカ人．日本人みたいといわれてもさほどうれしくない．（クレメント「だって似てないもん．」）
4.34	たけし	あんたの方がよっぽど似てない（と切り返す）．会場大笑いでこのコーナー終わり．

発言はテロップで文字になっていることが多いので比較的とらえやすく，助かりました．今後は，聴こえにくい人のために多くの放送番組に字幕がつけられる方向なので分析はずっと楽になるでしょう．ただし時間の記録には意外と手間取ります．2002年春で番組の終了が決まったときには，これ以上作業を続けなくてよくなり，皆ほっとしたものです．

5－3．分析開始

作業と平行して，この番組の特徴をどうとらえるかという点から，分析の視点を議論していきました．この番組をみたことがある人の大半が記憶しているのがゾマホンという登場人物です．アフリカのベナン出身で，番組では祖国に学校を建てる彼の活動が何回も紹介されました．視聴者にはゾマホンを中心に，アフリカ系の人の印象が強く残った点が平行して実施したアンケートでも確認されました（大坪他 2003）．分析シートから，出演者の発言回数を読み込み，データで確認すると，ゾマホンは発言回数が飛び抜けて多く，また，他のアフリカ系の人も発言が相対的に多かったのです（萩原 2003）．こうしたデータによって，これまでの日本および日本人が，外国といえば欧米とくにアメリカ志向だったことへの皮肉や批判がこの番組の底流に流れていることがわかります[7]．番組ではアフリカやアジアの人びとに対して差別的扱いをして恥じない日本人が激しく批判されており，アジア・アフリカ勢のアメリカ・ヨーロッパ批判も痛烈でした．アメリカを中心に据えたグローバリゼーションに無自覚な日本社会への批判も，次つぎに発せられていました．

そもそも私がこの番組に強く興味をもったのも，こうした外国人差別への正面切った批判を取り上げている点にありました．ドキュメンタリーという手法でしかとりあげられることのなかった差別問題が娯楽番組で取り上げられているところに，テレビバラエティのあたらしい可能性をみた気がしたのです．在

---

7) 異文化へのまなざしについては，第12章を参照して下さい．

日外国人を登場させることで，タブー視されていた差別問題について当事者を交えた歯に衣着せぬ議論を成立させたのが，この番組の特異性であり魅力だったといえます．

研究会メンバーは，ステレオタイプや偏見・差別の解消に関心をもっています．基本的な分析視点を確認したあと，それぞれの専門領域に戻って，さらに分析を続けました．

5−4．テーマ分析

私自身はジェンダーの視点から，さらにこの番組を分析しようと考えました．アジア人アフリカ人に対する差別を正面きって取り上げたり，同性愛者や身体障がい者への偏見も積極的に取り上げた番組でしたが，ジェンダーの視点からみると，この番組の別の側面がみえてきます（国広 2003）．

3年半の放送で番組は硬軟とりまぜた主題を扱い，教育問題（「いじめ」や「不登校」[8]），女性問題（『人工妊娠中絶』）も登場しています．でも全般的に日本の女性はからかいや非難される扱いを受けているのです．

テーマの傾向と番組構成を見渡してみると，番組開始から時がたち，終了時期が近づくにつれて，議論の対立で番組を盛り上げるよりも，話題性のある特異現象をとりあげ，スタジオ実演をするだけのものへと変化した様子がみえます．番組スタート当初は，在日外国人が日本文化を異文化の視点から批判し，緊張感のある異文化間でのコミュニケーションが観察されました．また中盤では日本の公共事業や医療問題など硬派の社会問題を扱い白熱した議論がみられました．ところが番組終了前の時期には，心霊術の実演などが増え，番組がもっていた独特のエネルギーが消えていく様子がはっきりみえます．しかも勢いをなくした番組は，それまでより頻繁に「日本の人妻」「オンナの顔」など女性をタイトルに据えたテーマを設定し，「整形美女対ブス」など女性同士の対

---

8) 教育問題については，第1章を参照して下さい．

立をあおりました．外国人差別や同性愛者差別については多角的な視点からの活発な議論の場を提供した同じ番組が，性差別については問題視せず，差別を正当化する内容を送り出していたのです．視聴率が下がったため，起死回生をはかるのに「性差別」という手法を持ち出した終盤頃は，外国人の発言量もめっきり減っていました．番組は差別解消と差別助長の両方の方向をもっていました．

6 ** テレビバラエティを読み解くリテラシー

2002年秋，文化祭の季節に，民主党代表鳩山由紀夫（当時）がある大学で学生を前に講演をしていたところへ，日本テレビのバラエティ番組『電波少年』の出演者が侵入し，替え歌で鳩山代表をからかいました．「アポなし」でさまざまな場に出向き，その場をバラエティ番組の1シーンにしてしまう独特の手法です．

鳩山代表と主催団体がテレビ局に強く抗議し，結局そのコーナーが中止されただけでなく，最終的には番組も打ち切られました．ところが多くのニュース番組がそのシーンを報道しました．バラエティ番組では放送できなかったシーンがニュースでは放送されるという現象がおき，それまでは番組をみていなかった視聴者も「ママさんコーラス隊」というおかしなグループと，生真面目に抗議する政治家を目にすることになったのです．この出来事が，民主党代表の交代にどれだけの影響力をもったかは分かりません．でも少なくとも政治的権力をもつ者の権威やパワーを相対化する「笑い」の力があなどれないものであることをみせつけた出来事でした．「笑い」の力をどれだけ自分の味方にできるかが，政治力影響力に関係することを政治家も自覚せざるを得なかったでしょう．最近ではバラエティ番組に出演する国会議員が増えました．バラエティ番組の枠内でどう自己アピールできるかが政治家生命に関わることに政治家自身が気づいたからです．

決まり文句で政見を述べるだけの政治家に視聴者は魅力を感じません．報道番組に限らず，さまざまなトーク番組やバラエティで，当意即妙に魅力を発揮できる政治家を期待する有権者が増えているのです．バラエティはそうした視聴者の志向を受け止めているだけでなく，つくり出してもいます．バラエティの基準は「面白く，楽しくなければ価値がない」という物差しです．

ただし，何が面白いか，どんな表現を楽しいと受け止めるかは，視聴者のリテラシーにかかっています．終わり頃の『ここがヘンだよ日本人』は性差別に敏感な視聴者にとっては「くだらない，つまらない」番組でしたが，性差別に疑問をもたない視聴者には「面白い」番組だったかもしれません．「何が面白いか」を決めるのに視聴者は重要な力をもっています．テレビバラエティは「今という時代の面白さ」をめぐる，制作者と視聴者，性差別主義者とフェミニスト，戦争肯定派と否定派など，さまざまな立場や価値がせめぎあう現場なのです．ですから，バラエティというジャンルをゆたかな表現ジャンルとして育てていくかどうかは，テレビの前の視聴者にもかかっています．バラエティを積極的，創造的に読み解くリテラシーをもつあなたが，より「面白い」番組を育てる力になることを忘れないで下さい．

(国広陽子)

参考文献

岩男壽美子『テレビドラマのメッセージ』勁草書房　2000年

大坪寛子・相良順子・萩原滋「調査結果にみる『ここがヘンだよ日本人』の視聴者像と番組視聴効果」慶應義塾大学メディア・コミュニケーション研究所『メディア・コミュニケーション』(第53号)　2003年

国広陽子「現代日本のジェンダー変容と『ここがヘンだよ日本人』」慶應義塾大学メディア・コミュニケーション研究所『メディア・コミュニケーション』(第53号)　2003年

佐々木輝美『メディアと暴力』勁草書房　1996年

鈴木みどり編『メディア・リテラシーの現在と未来』世界思想社　2001年

友宗由美子・原由美子・重森万紀「日常感覚に寄り添うバラエティー番組・番組

内容分析による一考察」NHK 放送文化研究所編『放送研究と調査』3 月号　日本放送出版協会　2001 年

萩原滋「1990 年代における大学生のテレビ視聴の動向」慶應義塾大学メディア・コミュニケーション研究所『メディア・コミュニケーション』（第 51 号）　2002 年

萩原滋「『ここがヘンだよ日本人』——分析枠組と番組の特質」慶應義塾大学メディア・コミュニケーション研究所『メディア・コミュニケーション』（第 53 号）2003 年

吉見俊哉編『カルチュラル・スタディーズ』講談社　2002 年

「バラエティ解体新書 2001」『放送文化』2001 年 12 月号特集　日本放送出版協会

放送番組向上協議会『番組放送向上協議会月報』2002 年 10 号　2002 年

第7章

男と女の〈涙〉
——感情とジェンダーの社会学入門——

　大人になって，人前で泣いたことありますか？　それはどんな時ですか？　一人で泣くことはありますか？

　涙って，自分でコントロールできるようで，なかなかむつかしい，摩訶不思議なシロモノです．でも，人がどんな時に泣くのか，泣かずに我慢するのか，また，我慢することは良いことなのかどうか．涙だけでなく笑いも怒りも含めて，私たちの感情のコントロールは，実は，その人が生きている社会の規範（何をしたら良いことで何をしたら悪いことかという暗黙の了解）によって左右されています．

　パート2の冒頭にあった話を思い出して下さい．ダイスケさんは，映画をみて思わず涙を流してしまい，それを取り繕おうとします．でも，ビュフォーという歴史家の『涙の歴史』という本を読むと，18世紀の西欧（主にフランスですが）では，男も女も演劇をみて，劇場で涙していたそうです．むしろ，涙を流すことこそが感受性が豊かであることの証明であったとまで書かれています．ダイスケさんも，18世紀のパリにいたなら，思いっきり涙を流して，それを自慢することさえできたかもしれません．

　泣くとか笑うとかいう感情表現は，時代や文化を越えて人間にとって普遍的な事柄でしょう．しかし，どんなときにどういう泣き方をするか，となるとそれぞれの社会や文化によって相違がみられます．同じ社会でも歴史的に変化します．この章では，社会的に作られた性別，つまり「ジェンダー」という概念に着目しながら，今時の若者の涙の流し方について考えてみたいと思います．

1 ** セックスとジェンダーとセクシュアリティ，そして感情と涙

　涙の話をする前に簡単に「ジェンダー秩序」と「感情管理」という話題に触れておきましょう．どちらの話題も，「そんなこと当たり前じゃん」と思っている私たちの普段のものの考え方・感じ方が，必ずしも当たり前ではないということを示す典型例になるのではないかと思います．

　生物学的な性別（オスかメスか）をセックス（sex）と呼び，社会文化的に作られた「男とはこういうもの，女とはこういうもの」という特性，つまり何をもって「男らしい」とするか「女らしい」とするかをジェンダー（gender）と呼ぶ，ということは皆さんもご存知と思います．たとえば，「化粧」[1]というのは，つい最近まで普通の感覚では「女らしいこと」でしたが，今の若者たちの中では「男の化粧」もあり得ますし，平安時代には化粧をするのは男性貴族の特権だったりもしたようです．文化人類学の知見では，文化によっては，女が狩りをし気高く力強く，男が日常的な世話をするのがノーマルな文化もあったと報告されています[2]．つまり，今，私たちが「男だから～」「女だから～」といっている内容は，ほとんどすべて，今私たちが生きている社会の決まりの中で再生産されているもので，必ずしも生物学的に決定されているわけではない，ということです．

　さらに，じゃあ生物学的に人間を完全なオスと完全なメスに分けることができるか，という点でも，生殖器や遺伝子の違いをもとに完全に2つに分けることはできない，という議論が優勢になりつつあります．両性具有というのもありますし，遺伝子にもさまざまな形があります．最近では，そもそも性別に異様にこだわるようになったのは，近代社会以後ではないかという知見が出てき

1）化粧については，第8章を参照して下さい．
2）さまざまな文化については，第3章と第12章を参照して下さい．

て,「生物学的な性別」を最優先するという考え方自体が,西欧近代的なジェンダーをもとに作られたのではないか,という話になっています.このあたりの話をさらに進めるには紙幅が足りませんが,一口に生物学的性別といっても人間の場合,オスとメスに簡単に二分することはできない,ということを知っておいて欲しいと思います.

　このことは,自分を男性であると思うか女性であると思うか(あるいはいずれでもないと思うか)という性自認の問題,性別的にどんな相手を好むかという性指向の問題にもかかわります(これらを含め,社会的に編成された性的快楽や欲求の体系をセクシュアリティと呼びます).「生物学的にオスでジェンダー的にも男であると自認する人が生物学的にもジェンダー的にも女である人を指向することが当然だ」(男女を入れ替えても同様),という近代異性愛主義の言説はけっして普遍的ではない,ということが明らかになりつつあります.

　セックス／ジェンダー／セクシュアリティ,といういずれの次元においても,男か女かに異様にこだわり,「男だから支配的で決断力があるべきで」「女だから従順で美しくあるべきだ」,というふうな社会の秩序を作ってきたのは,近代資本主義社会の特徴であったことが判明しつつあるのです.こうしたジェンダーに基づく権力関係を,江原由美子さんにならって「ジェンダー秩序」と呼ぶことにします(江原 2001 参照)[3].

　さて,では,ちょっと話を変えて,食の好みについて考えてみましょう.あなたは牛肉のステーキが好きですか? 豚の生姜焼はどうでしょう? お刺身

---

3) ジェンダーに関する入門書としては,細谷実『性別秩序の世界』(1994) を,セクシュアリティについては伊藤悟『同性愛がわかる本』(2000) を,あげておきます.もう少し本格的に読みたいという方は,本文にあげた江原由美子の文献や上野千鶴子『家父長制と資本制』(1990),加藤秀一『性現象論』(1998) あたりを推薦します.社会史的に戦後の日本女性のジェンダーの変遷をとらえたものとしては天野正子『フェミニズムのイズムを超えて』(1997) を参照して下さい.セックスそのものが社会的に構築されたものだという視点については,バトラー,J.『ジェンダートラブル』(1999) が代表作ですが難解です.今のジェンダー秩序が逆転した社会を描いた小説として,村田基『フェミニズムの帝国』が出色です.絶版ですが図書館等でみつけてぜひ読んで下さい.

は？　みんな大好きとお答えになる方も多いと思います．では，食用ミミズは好きですか？　カエルはお好きですか？　美味しいですよ．昨今のグルメブームの中で，食に対する違和感はある程度少なくなっているとは思いますが，世の中には，牛肉は神聖なものだから食べるなんてとんでもないと考えている文化や，豚肉は不浄なので食べられない，生の魚を食べるなんて不潔だと思っている文化が存在していることは紛れもない事実です．私たちはミミズを食べるというと不快感を覚えるかもしれませんが，ミミズを常食とする文化もあるのです．

　何を美味しいと思い何を不味いと思うか，というのは，一見，人間であれば「同じ」と思いがちですが，実は，育った文化や社会によって大きく違ってきます[4]．同じことが，喜怒哀楽などの感情についてもあてはまるのです．そして，涙や笑いを含め，人びとの感情そのものがその時々の社会規範によって管理され操作されていると考えることができるのです．こうした社会による個人の感情コントロールを「感情管理」と呼びます．とくに現代社会では生活のあらゆる局面で感情管理が進んでいるといわれています[5]．次節以降では「涙」に焦点をあてて，人がどんな時に涙を流すか，それが何によって決められているのか，ということについて，ジェンダーとの関連を問いつつ考えていくことにします[6]．

---

[4] 好みと文化の関係については，第10章を参照して下さい．
[5] 感情管理の典型例としては，マックの店員さんの「笑顔」を思い浮かべると良いでしょう．彼女／彼らは，けっして楽しくて笑っているのではありませんよね．この点については，岡原正幸他『感情の社会学』(1997)，本格的にはホックシールド『管理される心』(2000)，をお読み下さい．
[6] 本章では，ジェンダーに関して「男女別にみると」とか，性別による意識や感情の傾向性を多々論じています．これは，もちろん，現在のジェンダー秩序を認めた上でそれに乗っかって述べているわけではなく，現在のジェンダー秩序の構造を解明し，これを壊すという戦略的なスタンスで，あえて，「男性は」「女性は」と書いていることをお断りしておきます．

2 ** 〈涙〉の流し方 その1——文献と体験から——

　では，やっと本題です．ここからは，今年（2002年度）の大学3年の私の専門ゼミの授業プロセスにしたがって話を進めて行きます．社会学の専門ゼミで何をどうやって研究しているのか，その一端を「男と女の〈涙〉」に絡めてご紹介できればと思います．今年のゼミでは，ウィリアム・H. フレイIIという生化学者が書いた『涙—人はなぜ泣くのか』をテキストにしました．日本語で読める涙や泣き方に関する社会学の入門的な文献がなかなかみつからなかったため，比較的読みやすく，社会学や心理学的な視点も含めて書かれているこの本を選んだのです．

　ゼミでは，テキストの報告・討議とともに，各自が涙を流した体験や泣きたかったのに泣けなかった体験，泣いた人をみていた時の感想といった内容について，毎回，自由討論の時間も設けました．6月中旬にはテキストを読み終わり，それを踏まえて自分たちで「感情的涙についてのアンケート調査」をしようということになって，アンケート票を作り，学生を中心に約300人に意見を聞きました．

　『涙』という本の詳しい内容は，皆さんにもお読み頂くとして，ここではその要点を他の文献やゼミでの議論の結果も含めてまとめておきましょう．

2-1. 2つの涙——生理的涙と感情的涙——

　目にゴミが入ったり玉葱を刻んでいる時に涙が出てくることもあれば，花粉症などで涙が止まらないということもあります．また，目を保護するために，実はいつも角膜上に涙は流れています．こうした涙を感情的な涙と区別するために〈生理的涙〉[7]と呼ぶことにします．この生理的涙は人間以外の動物でも確

---

7) テキストでは「生理的涙」を「基本的な涙」または「連続性の涙」と命名しており，その分泌構造等についての詳細な記述もありますが，ここでは省略します（フレイII：4-5, 23-32 等）．

認されています．

　他方，悲しい時，嬉しい時，感動した時などに流す涙もあります．こうした涙は〈感情的涙（emotional tear）〉と呼ばれます．人間以外の動物が感情的涙を流すかどうかについては諸説ありますが，フレイⅡは「これはきわめて希有な現象で，原則ではなく例外なのだ」としています（フレイⅡ：232）．したがって，今の時点では，感情的涙は人間に特有の涙といって良いと考えておくことにします．

2－2．涙の生理学

　フレイⅡは，〈生理的涙〉と〈感情的涙〉との間には，涙の中に含まれる生理学上の成分比が異なる，感情的涙にはストレスが強く影響している，涙を流す頻度と時間については，乳腺ホルモンのひとつであるプロラクチンの影響が強く，女性が泣きやすいこととホルモンとの間には生化学的に一定の関係があるかもしれない，といったことを指摘しています（フレイⅡ：72以下）．しかし，同時に，男女の涙の流し方の決定的な差を，生物学的な要因によってのみ説明することはできない，とも述べています．ゼミでこの話を読んで，もし，乳腺ホルモンと涙との相関関係が明らかであれば，生物学的なメスが泣きやすくオスが泣かないということは，それで説明ができるのではないか，という意見も出ました．ただ，もしそうであるならば，オスの間で泣きやすい文化や泣かない文化があること，ひとつの文化・社会を取り上げてみても，時代によって相違があるのはなぜか？　という話になり，やはり，感情吐露の様相については，社会文化的に影響されている部分が多いのではないか，という結論になりました．

2－3．涙のTPO

　TPOとは，いうまでもなく「いつ（time），どこで（place），どんなきっかけで（occasion）」という意味です．たとえば，「夜，自分の部屋で，一人淋しく別れた彼のことを思い出した時に……」となるわけですね．まず，「いつ」については，朝・昼・夜でいえば，テキストにも書かれていますが，学生たちの

議論でも夜が多いようです．朝は少なく，昼はケースバイケース．「どこで」についてのゼミの議論では，「一人か人前か」という点が重要だという話になりました．つまり，人前でも泣ける人と人前では泣かずに一人になった時に涙を流すという人，どちらでもあまり泣かないという人に別れたのです．

では，大人はどんなきっかけで泣くのでしょうか？　フレイIIは，大人を泣かせる原因を，〈対人関係〉〈メディア〉〈刺激〉〈笑いと涙〉の4つに分けています．彼女の調査の結果でもっとも多かった原因は〈対人関係〉で，近親者の死とか別離，他人の悲しみへの同情，口論等があげられています．〈メディア〉[8]は，映画をみたりTVドラマや悲しいニュースを聞いて泣く，といったケースです．〈刺激〉には，音楽を聴いていてとか教会の礼拝中に感動して，といった例があがっています．最後の〈笑いと涙〉では，大笑いをしていて涙が出てきたという例をあげて，「笑いと涙は，しばしば正反対と考えられているが，密接な関係もあり，区別のつかないこともある」（フレイII：140）と述べています．つまり，笑いにも涙にも「感情の緊張の発散方法」という点では同等の機能があるともいえると結論づけています．[9]

ゼミの議論では，フレイIIの分類に対して，対人関係でもメディア接触でも，泣く原因はさまざまだから，むしろ，感情の様相別に考えた方が良いのではないか，という話になり，具体的な対人関係や泣いた映画やTVドラマ，音楽等の話をしながら，それぞれ「泣いた理由」をあげて整理してみました．その結果，対人関係にせよメディア接触にせよ，死や別離や不幸などに触れた時に流す「悲しみの涙」，一人でいる時や孤独感を感じた時に流す「淋しさの涙」，理不尽なことや不条理なこと，怒りに対して流す「不条理の涙」，人間愛や家族愛，ヒューマンドラマなどに感動して流す「愛と感動の涙」，スポーツでの

---

8) メディアについては，第6章を参照して下さい．
9) 涙に比べれば「笑い」については，幾つもの社会学の研究をあげることができます．代表的なものとしては，たとえばバーガー，P. L.『癒しとしての笑い』(1999)，を参照下さい．

勝利や他人の努力をみた時に流す「劇的涙」，スポーツで負けた時，目的を達成できなかった時に流す「悔し涙」，笑いとともにこみ上げてくる「笑い涙」，その他「苦痛の涙」「恐怖の涙」「嘘泣き」などに整理できるのではないか，という議論になりました．もっとも，失恋体験などでは，悲しみと淋しさと不条理と悔しさなどが複合的に入り交じった涙で，簡単には分類できない，といった議論もありました．

また，それぞれ，「自分の体験」と「他人の体験をみたり聞いたりした時」に生じる涙との相違が議論になりました．人に同情したり，もらい泣きをしやすい人とそうでない人がいるということで，これについては男女差があるという議論になりました（後述）．

さらに，音楽については，ゼミ生たちが「泣ける」音楽を持ち寄ってみんなで聴いてみたのですが，それぞれに良い曲だと語りながらも，同じ曲を聴いて2人以上が「泣ける」といった曲はごくわずかでした．むしろ，本人がその曲をどんなシーンで聴いた体験をもつかが涙を喚起する原因になっているという結論になりました．たとえば，「浪人中の秋に聴いていて，この曲を聴くと当時の孤独とか切なさを思い出す」とか「失恋体験を追体験してしまう」といった具合です．また，泣きやすい曲には，歌詞に「涙」や「泣く」という語が含まれているという特徴もみられました．ゼミであがった歌詞を一部紹介すると，

「こみあげる涙のこと　全部　全部　君は知らない」（LINDBERG「君は知らない」作詞　渡瀬マキ）

「あぁ　それでも人は出逢いを求め別れに涙して」（ゆず「くず星」作詞　岩沢厚治）といった具合です．古い話ですが，南博という社会心理学者の研究では1940年代に調査した流行歌61曲中，動詞でもっとも頻度が多かったのは「泣く」で33曲に含まれ，名詞でもっとも頻度が多かったのは「涙」で16曲に含まれていたということです(南：132)[10]

---

[10] 南博の調査法を踏襲した分析として佃実夫（1979）があります．これによると1970年代においても，普通名詞の1位は「涙」（110曲中78曲），動詞の1位は「泣く」（同43曲）という結果でした．

2－4．涙とジェンダー——とくに「男性性」との関連で——

　フレイⅡは，総じて男性は幼い頃から弱さにつながる感情を抑圧するように社会化されており，そうした風習にまつわることわざが世界各地に古くからあると書いています（フレイⅡ：142）．西欧ではルネッサンス以後「堂々と泣く男性」が登場し，章の冒頭で述べたように「涙」が人間性の象徴としてとらえられた時期もあります．しかし，再び19世紀以降，「涙＝弱さの象徴」として，「男は泣いてはいけない」という規範が形成されていきます．今の米国で「男が泣いてもいい」のは，スポーツでの勝利などの劇的涙と人類愛を示す涙だとして，フレイⅡは1984年のロスアンゼルス五輪で具志堅幸司が体操で金メダルを取った瞬間に号泣した例と，リンカーンやジョンソン大統領の涙の例などを紹介しています（フレイⅡ：144-7）．つまり，男としての弱さを感じさせず，逆に努力の成果とか人類愛といった内容につながる「男の涙」は許されているというわけです．

　ここ2，30年を振り返ると，「男は泣いてはいけない」という規範は弱まりつつあるようにもみえます．フレイⅡは，1960年代の第2派フェミニズム以後，「男性が温かい気持ちや，心の痛手，やさしい気持ち……，恐怖心等を外に表すことは，いくらかは許されるものの，いまだに多くの男性はその苦痛，罪の意識，怒り，失意などを，マッチョなやり方，すなわち，悪態をついたり，酒に酔ったり，乱暴したり，（猛烈に）働いたり，あるいはジョギングなどで発散させている」と述べています（フレイⅡ：149）．つまり，タテマエの上では，男性でも感情吐露が許される時代になってきつつあるにもかかわらず，実際には弱さを示すような感情吐露に対して男性自身も（そしておそらくは世間も）抑圧的である，ということでしょう．この実体は，今の日本でもあまり変わりがないと思われます．[11]

---

[11] 男性性とジェンダー秩序や感情との関連を論じた文献として，入門用には伊藤公雄『男性学入門』1996年，を，やや専門的には多賀太『男性のジェンダー形成』(2001)，アスキュー，S. & ロス，C.『男の子は泣かない』(1997)，ホルシュタイン，W.『男たちの未来　支配することなく，力強く』(1996)，須長史生『ハゲを生きる』(1999) 等を参照下さい．

こうした状況にあって，ジェンダーと涙の流し方にどのような関連があるのか，という点について，フレイIIは社会心理学の幾つかの調査を紹介しています．その結論のひとつは，「旧来の男性役割にしがみついている男性は現代的な男性よりも悲しい時に泣かない」というものです（フレイII：149-51）．これを読んでゼミでは，旧来のジェンダー意識（たとえば「男は仕事，女は家庭」という考え方）にとらわれている男性ほど涙を流さず，ジェンダーフリーな男性ほど泣くのではないか，という仮説を立てて，アンケート票を作成しました．この点も含め，次節では調査結果の一部を紹介することにします．

3 ** 〈涙〉の流し方　その2――アンケート調査から――[12]

アンケート票の作成から印刷，配布，集計・分析と，相当の手間と時間を費やし，分析結果も膨大なものですが，ここでは簡潔に6点にまとめておきます．

3－1．感情的涙を流す頻度と性別――泣かない男と泣く女――

感情的涙を流す頻度については，フレイIIの調査同様，男性より女性の方が感情的涙を流しやすいという結果になりました．図1に示したように，女性では6割以上が月に1回以上感情的涙を流すのに対して，男性では2割程度で，半数以上の男性が半年に1回かそれ以上の期間泣かないと答えています．このことから，「女と比べて男は泣かない」という通説はデータ的に検証できたといえます．ただ，女性でも約1割は半年に1回かそれ以上の期間泣かないと答

---

[12] 統計的なアンケート調査では，どんな集団を対象として，そこからどういう対象をどのような方法で選び出してデータを収集するかがとても重要です．この意味で，今回のデータは，学生の友人・知人と私の授業の受講者を対象としているため，「現代日本人」を代表するものでもなければ，「日本の若者」を代表するものでもありません．したがって，これから述べる話は，あくまで参考例としてお読み頂くようお願いします．できれば，近い将来，調査技法的にももう少し緻密なデータを取りたいと考えています．今回の有効回答者の属性は，武蔵大学生220人，国立女子大学生64人，その他の大学生22人，私立大学大学院生21人，社会人・アルバイター等9人，合計336人（女性211人，男性125人）という構成です．

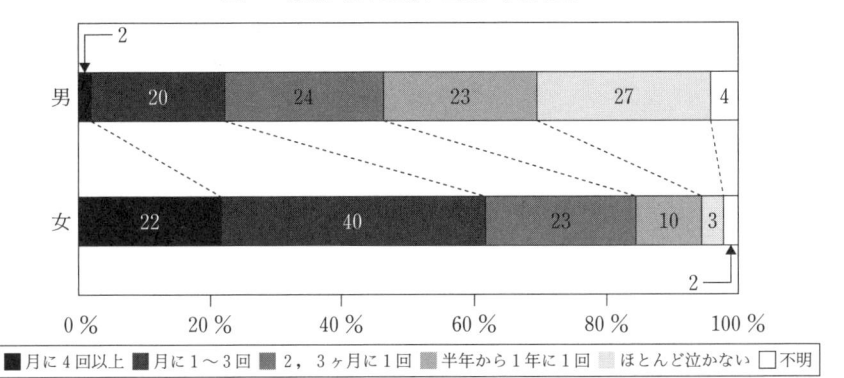

図1　感情的涙を流す回数（男女別）

男：2, 20, 24, 23, 27, 4
女：22, 40, 23, 10, 3, 2

■月に4回以上　■月に1〜3回　■2, 3ヶ月に1回　■半年から1年に1回　□ほとんど泣かない　□不明

えており，2〜3ヶ月に1回程度を加えると，35％程度になります．逆に，男性でも月に1回以上感情的涙を流す人が2割強いて，性差はあるが個人差も大きいという点を理解しておくことが重要でしょう．

3−2．どんな時に泣くのか

前節で類別した涙を流すきっかけや場所についてに，調査票では，次頁の表1にあげた11の項目に整理して，それぞれ，泣くことが「良くある」「時々ある」「余りない」「全くない」という4つの選択肢で答えてもらいました．どの質問に対しても，男性より女性の方が涙を流していることがわかります．ゼミでは，個々の質問について詳細に検討したのですが，ここではとくに興味深かった2つの点に触れておきましょう．

ひとつは，「肉体的苦痛」とか「恐怖で泣く」という男性が女性に比べて顕著に少ないことです．「痛みや恐怖は涙を流さずに克服すべきものだ」「男は弱みをみせてはいけない」といった男性規範が非常に強く浸透している，と考えることができそうです．

もうひとつは，「理不尽なことへの怒りで泣くことが」，「よくある」「時々ある」と答えている人が，女性では約6割であるのに男性では2割弱に過ぎないことです．このデータは，理不尽な行為に対して，男性の場合は言葉や場合に

表1 どんな時に泣くのか

		よくある	時々ある	余りない	全くない	不明	横計	
肉体的苦痛で泣くことが	女性	2	16	53	29	1	100 %	(211人)
	男性	0	8	31	61	0	100	(125)
人前で泣くことが	女性	6	39	45	10	0	100	(211)
	男性	2	19	42	37	0	100	(125)
家で一人で泣くことが	女性	20	53	20	6	1	100	(211)
	男性	13	26	32	29	0	100	(125)
映画やTVを観て泣くことが	女性	43	42	10	5	0	100	(211)
	男性	18	34	30	17	1	100	(125)
他人の同情を求めて泣くことが	女性	1	6	30	62	1	100	(211)
	男性	0	2	13	85	0	100	(125)
他人に同情して泣くことが	女性	7	38	37	17	1	100	(211)
	男性	2	22	34	41	1	100	(125)
もらい泣きすることが	女性	14	31	32	22	1	100	(211)
	男性	2	19	27	51	1	100	(125)
恐怖や怖さで泣くことが	女性	5	17	42	36	0	100	(211)
	男性	0	3	20	77	0	100	(125)
嬉し涙や勝利の感動で泣くことが	女性	17	42	30	11	0	100	(211)
	男性	10	34	30	26	0	100	(125)
理不尽なことへの怒りで泣くことが	女性	15	44	23	18	0	100	(211)
	男性	3	14	30	53	0	100	(125)
辛い過去を思い出して泣くことが	女性	11	35	36	18	0	100	(211)
	男性	2	20	37	41	0	100	(125)

よっては腕力で対抗できるのに対して，女性の場合は泣くしかないといったジェンダー秩序による権力差に基づく感情管理が行われていることを示唆しているように思えます．

3−3．感情的涙とストレス

　テキストでは，感情的涙はストレスの発散と強い相関関係があり，泣いた後，大半の人がストレスの解消を感じるという調査結果が報告されています（フレイⅡ：178）．また，生理学や心理学の教科書でも，涙にストレスの発散効果があることは良く知られています．

　私たちの調査では，泣いた後で気分が良くなる，と答えた人は，男女とも45％程度で，フレイⅡの調査（女性85％，男性73％）に比べると著しく低くなりました．また，泣く前と変わらないとするものが女性3割強，男性4割強で，逆に泣くと気分が悪くなるという女性が2割で男性は1割ありました．単純に比較すると，日本ではアメリカほど感情的涙がストレスの発散になっていない，といえるかもしれません．この点については，調査対象者の年齢や階層の偏り（ゼミ調査は大学生中心）なども含めて，もう少し詳しく分析する必要がありそうです．

　ところで，尋ね方を変えて，「自分にとっては泣くことはストレス解消法のひとつだ」と思うかと質問すると，女性の54％が肯定的な回答をしています．男性で肯定的なのは25％程度で，4人に3人はストレス解消にはならないと答えています．そして，この2つの質問をクロス集計すると，男女間に顕著な差があることがわかりました．

　女性の場合は，泣いた後で気分が良くなると答えた人は，泣くことがストレス解消になるという意見が多く（75％），泣いた後も泣く前と気分は変わらないと答えた人や気分が悪くなると答えた人でも，ストレス解消になるという人は4割弱いました．これに対して，男性では，いい気分になると回答した人でさえ，ストレスの解消にはならないという回答が56％あり，泣く前と変わらない・気分が悪くなるという回答の人では9割近くがストレスの解消にはならないと答えています．

　つまり，もし，感情的な涙を流すことが男女を問わずストレスの発散になるにもかかわらず，男性はそういうふうにはとらえていないとすれば，涙を流す

ことが「弱さ」とつながるため、それを意識的には認めたくないとみなしているからではないか、と推論することができるでしょう。では、感情的涙について若者はどのように考えているのでしょう？

3－4．感情的涙に対する考え方の二面性

まず、「よく泣く人は弱虫だ」という考え方についてみてみましょう。これについては、男女を問わず8割近くが否定していて、強い否定（「そうは思わない」と答えた人）は、男性でも56％に達しています。つまり、感情的涙を流すことへのネガティブな評価は、今日の若者の中では性別を問わず少数派になっていると読むことができます。同様に「涙は感情表現のひとつだから、人前で泣いてもかまわない」という意見については、女性の65％、男性の62％が賛意を示していて、人前で泣くことを必ずしもマイナスには評価していないように見受けられます。さらに、「泣くことは弱さやもろさ、未練などを示すものだと思う」という質問についても、男女とも7割以上が否定しています。

こうしてみると、涙を流すことについて、男女とも「決して悪いことではない」と考えているようにみえますが、一方で、「人前で泣くことは恥ずかしい」という質問では、女性の52％、男性の47％が、「恥ずかしいと思う」と答えているのです。人前で泣いてもいいじゃないかと思いつつ、実際に自分が人前で泣くことは恥ずかしいと思う二面性の中に、今日の感情的涙の実情が読みとれるように思います。

また、ジェンダーとの関連で、「男は泣くべきではない」という質問と「〈女の涙〉は武器である」という質問をしてみましたが、それぞれに興味深い結果が出ています（図2参照）。まず、「男の子は泣くべきではない」という考えですが、男女ともに半数が「そうは思わない」と答えており、「どちらかといえばそうは思わない」を加えると、女性では8割以上が否定的であることがわかりました。男性では、肯定する層が3割強いて、女性よりも男性自身が「泣くべきではない」と、自らの感情表現を自己規制しているという側面がみて取れます。

図2 男は泣くべきではない

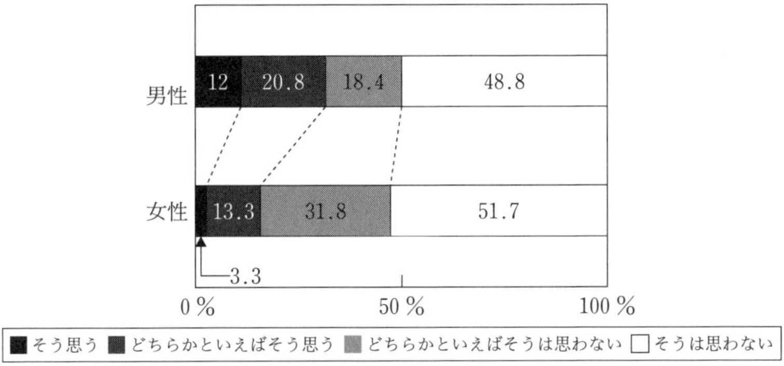

	そう思う	どちらかといえばそう思う	どちらかといえばそう思わない	そうは思わない
男性	12	20.8	18.4	48.8
女性	3.3	13.3	31.8	51.7

一方,「〈女の涙〉は武器である」という質問については,男性の8割近くが肯定しており,そのうち45％が強く肯定しているのに対して,女性では44％が否定し,強い肯定層は1割程度という顕著な差がありました.この差をどう読むかは興味深いことだと思いますが,ここでは,男性の側が「女の涙」に対して過剰反応している,つまり「泣かれたら仕方ない」という意識をもっているのに対して,女性の側は必ずしも意図的かつ戦略的に泣いているわけではないということ,さらにいえば「武器」とみてしまう男の意識の背景に,ある種のジェンダー秩序が隠れているのではないか,ということを指摘しておきたいと思います.

3－5. 泣いた映画とジェンダー

メディア接触と涙について,映画・TVドラマ・小説・マンガやコミックという4つのジャンルについて尋ねた結果について,ここでは映画を中心にまとめておきましょう[13].映画については,本調査の前に,ゼミやその他の授業で,泣いた映画についてのプリテスト(事前調査)を行い,その結果,上位にあがった30作品を回答選択肢に組み込みました.単純に泣いた映画の経験率で順位付けをすると,より多くの人がみている作品が上位にあがる可能性がありますので,ここでは一定数以上が観ている映画に限定して,「涙を流した映画÷観た映画」の比率の高い順に男女別に並べてみました(表2).フレイIIの当時

のアメリカの調査では，人間愛ものの『愛と追憶の日々』や戦争コメディの『M☆A☆S☆H』が上位にあがってますが，今回の調査では，今の日本の若者が観てきたスタンダードな映画が並んでいます。

まず，特徴的なことは，どの映画でも，男性より女性の方が涙を流している頻度が高いということです。女性ではみた人の6割前後が泣いている映画が4

表2 「泣いた映画」上位11作品

(単位=％)

	観た総数 336人中	観た中で涙を流した比率				目頭が熱くなった比率		落涙率＋目頭が熱くなった率	
		全体	女性	男性	男女差	女性	男性	女性	男性
火垂るの墓	258（人）	55	61	42	19	24	29	86	71
マイ・フレンド・フォーエバー	122	54	60	38	23	19	28	79	66
アルマゲドン	184	52	62	33	30	12	21	74	54
サトラレ	82	50	52	45	7	24	15	76	60
ライフ・イズ・ビューティフル	116	47	56	26	30	25	26	80	51
タイタニック	245	45	60	14	46	17	28	78	42
フランダースの犬	137	45	54	28	26	21	28	76	56
パーフェクト・ワールド	62	44	56	19	37	12	33	68	52
レオン	185	41	55	17	38	18	6	73	23
グリーンマイル	105	37	48	18	31	23	21	71	38
AI	77	35	43	4	39	28	17	72	21

---

13) TVドラマ，マンガ＆コミック，小説では，「見ない」「読まない」とするものと無回答を除くと，それぞれ，「よく泣く」と「ときどき泣く」の合計は，TV＝55.9％＞マンガ・コミック＝43.0％＞小説＝33.8％となっています。また，いずれも男女差は顕著で，それぞれ「ときどき泣く」以上が，TVドラマ：女性＝68.9％＞男性＝31.3％，マンガ＆コミック：女性＝56.0％＞男性＝22.9％，小説：女性＝44.9％＞男性＝13.5％．なお，「映画を観た」について，この調査では映画館だけでなくTVやビデオでの映画視聴も含めています。涙を流すかどうかは映画作品だけでなく，どこで誰と観たかによって大きく左右されるという点がゼミでも議論になりましたが，ここでは作品別の分析例をあげておきます。

本ありますが，男性では最高でも『サトラレ』の45％で，観た男性の過半数が泣いたと答えた映画はありません．『サトラレ』は，自分が心の中で思ってることがすべて周囲の人にわかってしまうという若い男性天才医師の物語で，自分を育ててくれた祖母が癌になってそれを助けられないと思った時に，その主人公が大声で泣きます．登場人物が若い男性で，肉親の死を助けられないという場面設定に，観衆である男性が感情移入しやすいと考えられそうです．

　男女ともに落涙率が高いのは『火垂るの墓』(1988年)ですが，これはご存知のように，14歳の兄と4歳の妹，つまり幼い子どもが，戦争末期を生き抜こうとして無惨に死を迎えるという，戦争の悲惨さを伝えるアニメ作品です．老若男女を問わず，涙なしにはみられない映画の典型，というふうに世間的にもみられていて，「この映画をみて泣いても良いのだ」という雰囲気が男性たちの中にもあったのではないかと思われます．また，回答者の多くが小学校高学年～中学校時代に観ているという点も影響しているでしょう．

　逆に，男女の間で落涙率の差がもっとも大きかったのは『タイタニック』(1997年)でした．レオナルド・ディカプリオとケイト・ウィンスレットが演じる絵に描いたような悲劇のラブ・ストーリーで，「泣ける映画」のナンバーワンという前評判でした．女性では6割が泣いていますが，男性で泣いた人は14％しかいません．女性の涙腺は刺激するが男性の涙腺は刺激しないという映画だったのか，男性は泣きたいのを我慢したかのどちらかでしょう．そこで，「目頭が熱くなって泣きそうになった映画は？」という質問の回答をみてみると，実際に涙は流していないが泣きそうになったと答えた男性が約3割います．少なくともこの男性たちは，涙腺は刺激されたが「泣いてはいけない」と我慢していたと思われます．

　次に，今述べた「目頭が熱くなった作品」について全般的にみてみると，「涙を流した作品」ほどには男女差がないことがわかります．中には男性の方が多い作品もあり，かなりの数の男性が「泣きたいけど泣くのを我慢している」といえるでしょう．

最後に,「涙を流した映画」と「目頭が熱くなった映画」の合計をみておきましょう.女性ではほぼすべての作品で,観た人の7割以上が涙腺を刺激されていることがわかります.まさに,「泣ける映画ベスト11」でしょうか? 男性の場合も7作品で過半数を超えています.ただ,『AI』と『レオン』では,男性は2割台の前半であり,男女で大きな差がみて取れます.この理由は興味深いところですが(2つの作品でそれぞれ理由は異なると考えられます),これは皆さんへの宿題ということにしておきます.

3-6.感情的涙とジェンダー意識

前節で述べたように,ジェンダー意識と涙の流し方には一定の関係があるのではないか,という仮説のもとにこの調査は企画されました.「男は仕事,女は家庭」「家族を養い守るのは男の義務である」「男は感情を表に出してはいけない」という3項目について,古いジェンダー意識を強くもっている男性は涙を流さず,ジェンダーフリーな男性ほど感情的涙を流す.そして,女性については,逆に男性に対して依存的な古いジェンダー意識をもっているほど涙を流しやすく,自立志向の女性は泣かないのではないか,という仮説です.

結果は,非常に微妙なものとなりました.

まず,ここにあげた3つの意識はそれぞれ強く関係していて,ひとつの意見を肯定する人は他の2つの意見も肯定するという傾向がでています.ただ,涙を流す頻度やどんな時泣くかとの関連については,「男は感情を表に出してはいけない」という意見と他の2つの意見とで異なる結果になりました.

「男は感情を表に出してはいけない」という意見を否定する男性は,肯定する男性と比べて,感情的な涙を流す頻度が高く(たとえば,月に1回以上泣く頻度が否定派で25%,肯定派で14%),「人前」でも「一人で家にいる時」も,「悲しみ」でも「勝利の感動」でもその他すべてのケースで泣きやすいということがわかりました.また,この意見を否定する女性の場合も,肯定する男性よりも泣きやすいという結果になりました(月に4回以上泣く否定派=24%,肯定派8%).つまり,性別を問わず,男性の感情露出に肯定的な人ほど,自らも感情的涙を

流しやすいという結果が確認されました．

他方，「男は仕事，女は家庭」と「家族を養い守るのは男の義務である」については，これらを肯定する男性（旧来のジェンダー意識にとらわれている男性）の方が涙を流す回数が多く，「人前で泣く」「家で一人で泣く」「もらい泣きをする」などの項目でも，否定する男性よりも泣くケースがやや多いことがわかりました（表3参照）．反対に，これらの意見を否定する男性では，「泣きたいのを我慢する」比率が高く，「泣きたいのに涙がでない」という回答も高くなっています．ただ，「肉体的苦痛」では，否定派の男性の方が泣く頻度が高く，

表3　男女別　ジェンダー意識と泣く頻度（参考）

		男は仕事，女は家庭 肯定派　否定派	家族を養い守るのは男の義務 肯定派　否定派
男性	①月に1回以上泣く男性の頻度	28(%)＞19(%)	24(%)＞19(%)
	②「人前で泣く」ことが，「よくある」＋「時々ある」	24＞19	25＞9
	③「家で一人で泣く」ことが……（以下，同上）	46＞36	42＞31
	④「もらい泣きをする」ことが……	33＞15	24＞16
	⑤「泣きたいのを我慢する」ことが……	34＜56	45＜56
	⑥「泣きたいのに涙がでない」ことが……	26＜30	26＜38
	⑦「肉体苦痛で泣く」ことが……	4＜10	5＜16
女性	⑧月に4回以上泣く女性の頻度	26＞20	28＞21
	⑨3ヶ月に1回以下しか泣かない女性の頻度	10＜23	11＜20
	⑩「人前で泣く」ことが，「よくある」＋「時々ある」	58＞42	51＞41
	⑪「他人の同情を求めて泣く」ことが（以下，同上）	11＞5	10＞4
	⑫「もらい泣きをする」ことが……	53＞44	54＞41
	⑬「恐怖で泣く」ことが……	25＞21	31＞17
	⑭「感動して泣く」ことが……	72＞56	69＞53

（それぞれの肯定派と否定派で10％以上の差があるものを太字で示した）

一口にジェンダー意識といっても多様な尺度があり，泣く理由との関連についても，もう少し綿密な調査票の設計と分析をする必要がありそうです．
　女性の場合は，予想通り，性別分業や男性が家族を養い守るべきという意見を肯定する人の方が泣く頻度が高く，「人前で泣く」「他人の同情を求めて泣く」「もらい泣きをする」「恐怖で泣く」「感動して泣く」などの項目でも頻度が高くなっています．もっとも，旧来のジェンダー意識にとらわれていない女性はあまり泣かないのか，といえば，けっしてそうではなく，「人前では泣かない」けど「家で一人では泣いて」ますし，「他人の悲しみに同情した」り「TVドラマや映画を観て」とか「理不尽なこと」については肯定派の女性と同様の比率で泣いています．
　なんだか釈然としない幕切れだなぁ，と思って読んでいらっしゃいませんか？　ジェンダーフリーな人は性別に関わらず感情的にも開放的だ，という結果がでると思っていらっしゃいましたか？　世の中，そんなに簡単ではありません．とくに，アンケート調査で「感情」を測定し，意見や価値観との相関をとらえるというのは，調査技法的にも非常にやっかいなことなのです．けっして負け惜しみではありませんよ．
　感情的涙という，悲しい時には泣くじゃん！　というフツーのことがらをテーマにしても，これだけ（あるいは，まだまだ）考えるべきことはあるのです．感情的涙を流す回数とか何に感じて泣くか，という点で，大きな男女差があることはわかりました．男たちももっと自由に泣こうよ，と提言することができるのかもしれません．「女の涙は武器だ」という言説についても，調査票の自由回答を含め，ここで紹介できなかったいろいろなことがわかってきました．来年のゼミでは，これらのデータをもとに，さらに分析を進めたいと思っています．

（山嵜哲哉）

参考文献

アスキュー, S. & ロス, C.『男の子は泣かない――学校でつくられる男らしさとジェンダー差別解消プログラム』金子書房　1997（原著1988）年

天野正子『フェミニズムのイズムを超えて――女たちの時代経験』岩波書店　1997年

伊藤公雄『男性学入門』作品社　1996年

伊藤悟『同性愛がわかる本』すこたん企画編　赤石書店　2000年

上野千鶴子『家父長制と資本制――マルクス主義フェミニズムの地平』岩波書店　1990年

江原由美子『ジェンダー秩序』勁草書房　2001年

岡原正幸・山田昌弘・安川一・石川准『感情の社会学――エモーション・コンシャスな時代』世界思想社　1997年

加藤秀一『性現象論――差異とセクシュアリティの社会学』勁草書房　1998年

須永史生『ハゲを生きる――外見と男らしさの社会学』勁草書房　1999年

多賀太『男性のジェンダー形成――〈男らしさ〉の揺らぎのなかで』東洋館出版社　2001年

佃実夫「愛して愛して　愛しちゃったのよ―『夢とおもかげ以後』」加太こうじ・佃実夫編『増補版　流行歌の秘密』文和書房　1979年

バーガー, P. L.『癒しとしての笑い』新曜社　1999（原著1997）年

バトラー, J.『ジェンダー・トラブル――フェミニズムとアイデンティティの攪乱』青土社　1999（原著1990）年

ビュフォー, A. V.『涙の歴史』藤原書店　1994（原著1986）年

フレイ, ウィリアム. H.『涙――人はなぜ泣くのか』日本教文社　1990（原著1985）年

細谷実『性別秩序の世界』マルジュ社　1994年

ホックシールド, A. R.『管理される心――感情が商品になるとき』世界思想社　2000（原著1983）年

ホルシュタイン, W.『男たちの未来　支配することなく，力強く』三元社　1993（原著1988）年

南博「日本の流行歌Ⅰ」『思想の科学』昭和25年2号　1979（原著1950）年（引用頁は，加太こうじ・佃実夫編1979の再録から）

村田基『フェミニズムの帝国』早川書房　1988年（後，ハヤカワ文庫JA365に再録）

第8章

ファッション
――ポップカルチャーの社会学入門――

　ここでは，ファッション，メイク，フレグランスなどがテーマとなります．ダイスケ，ダイスケの彼女ユウカ，美容室経営者のサヤカ，サヤカのお店で働くリナ，ネイリストのアユたちと一緒に，おしゃれの世界に飛び込んでゆきましょう．自宅，南青山，お台場といった各場面でのトークの後に，フットノートが続いています．トークでかろやかに語られている内容について，フットノートで個々の分析とコンセプト紹介をしています．ファッショナブルな素材で，ポップに楽しく社会学しちゃいましょう．

1 ** 〈トーク1〉ダイスケとユウカ（自宅篇）

ユウカ　：ダイスケってば，頭のうえのほう，けっこうプリン（①）きてるよ．
ダイスケ：やっべえ，このまえ行ってから2ヶ月たったし，そろそろ，カラーリングしないと．オレのは，どキンパツだから目立つんだよねぇ，でもなぁ．
ユウカ　：でもなぁ，ってどうして．
ダイスケ：いま行ってる美容室はさぁ，ダサダサなんだよ．
ユウカ　：ぢゃあ，ユウカの行ってるところに変えなよ．ユウカのお気に入りのヘアデザイナー，サヤカさんはコンテストで賞を取ったこともあるんだよ．
ダイスケ：でも，南青山だろ．ちょっと，遠いし，あと……
ユウカ　：「料金高そうだし……」でしょ，ダイスケの考えていることは．

第 8 章　ファッション

ダイスケ：うん．ユウカとか，毎回，2万円以上遣ってるじゃん．オレの場合，予算は1万円くらいなんだよ．

ユウカ　：だめだなぁ，ダイスケは，おしゃれやファッション（②）には，ど〜んとお金を遣わなきゃ．人間は見かけがすべてなの（③）．それが勝負の分かれ目よ．

ダイスケ：ユウカのその考え方だけには，ついてゆけないなぁ．それに，ユウカは，将来，スタイリスト志望だから，おしゃれに投資するのが当然かもしれないけれど，オレは教師志望だから，あんまり関係ないかも．

ユウカ　：またまたぁ，ダイスケがバイト先の学習塾で，「GTO」の鬼塚英吉（④）ばりに，ドキンパツでがんばってるのをユウカはちゃんと知ってるんだからね．

ダイスケ：それ，いわれると，弱いんだよね．塾に通ってる中学生の前では，ちょっとファッション通のヤンキーなおにいさんを演じているからなぁ．

ユウカ　：ぢゃあ，これで決まり．明日，バイト無い日でしょ．午後の1時ってことでサロンに予約いれとくわよ．ダイスケがお金ないってこと，「ル・シャ」（⑤）のサヤカさんに話しておくから．

ダイスケ：えっ，それってどういうこと．

ユウカ　：アシスタントの実験台になってもらうから，料金は格安ってことなのよ．

ダイスケ：実験台なのかぁ．でもお金ないし，まぁ，いいか．

2 ✻✻〈フットノート1〉ダイスケとユウカ（自宅篇）で社会学しよう！

①プリンとは，頭髪を毛染めしてから日が経つことで，黒髪の場合，根本部分が目立つようになり，毛先部分の金色や茶色に連なることで，あたかも洋

菓子のプリンのようにみえることを指すが，ここでは，毛染め＝ヘアカラー＝カラーリングの社会的意味とその変遷について考えてみよう．

　カラーリングの歴史は古く，古代エジプトやアッシリアの時代にまで遡るといわれているし（ロレアルパリ 2002），日本に限っても，古くから女性の白髪染めとして常用されてきている．しかしながら，日本での白髪染め以外でのおしゃれ染めは，とりわけ男性に限っては 1990 年代までは一般的ではなかった．多くの若者たちが金髪や明るい茶髪にカラーリングするのがごく普通の光景になったのは，安室奈美恵や華原朋美に代表される小室系ミュージックが巷を席巻し，ギャル・ブームの最中だった 1995 年前後以降だといえる．ヘアスタイルを 242 種網羅した最新のカタログにも純然たる黒髪はひとつも掲載されていないほどの若者のカラーリング普及は（沢田・田島 2003），タレントやミュージシャン，ストリート・カルチャーの影響が大きいが，それと同時に，日本人のファッションに係わる規範，とりわけ「髪色観」の変化の結果でもある（村澤 1998：38）．

　規範（norm）とは，それを意識しようともしなくとも，結果として「人びとのおこないをさだめる心のはたらき」として定義できる社会のルールである．規範は，その中身を，さらにフォークウェイズとモーレスに分けることができる．「フォークウェイズというのは毎日の生活のなかでの約束ごと，モーレスというのはフォークウェイズの一種でこれを破ったらただではすまないという重要な規範」である（栗田 1999：16-7）．2 世代前つまり 60 年前（第 2 次世界大戦中）の日本の若者にとって，金髪にカラーリングすることはモーレスを侵犯することを意味したが，1 世代前＝30 年前（カウンターカルチャーの全盛期）では，単にフォークウェイズ違反にとどまっていると考えられる．現在では，どうなのかは，読者の皆さん自身がよく知っていることだろう．

　② 広義の「ファッション」（fashion）には，第 1 に，衣服とアクセサリー全般を指す「服飾＝コスチューム」という意味，第 2 に，商品，サービス，ライフスタイルの普及・伝播や多種多様な風俗の移り変わりを指す「流行」という

意味がある．第2の流行としてのファッションは，さらに，マクロ的には急激で一過性的な流行かつミクロ的には個人の渇望と欲求充足の結果である「ファッド」(fad) と (仲川 2002：46)，ゆるやかで比較的長期間，人びとに支持される，いわゆる「ファッション」に分けられる．流行した商品やサービスなどが，人びとの生活に定着し，安定的に支持されるようになると，それは「定番」(standard) と呼ばれるようになる．ファッションの第一の意味であるコスチュームの一種であるデニム＝ジーンズを例にとってみよう．かつては作業着だったデニムは，日本では1960年代後半から70年代前半における急速かつ爆発的な流行であるファッドの時期，その後の数回にわたる，ファッションの時期を経て，現在は定番化していると考えられる．

　③「人間は見かけがすべて」というユウカの発言は，いささか過激で極端だとしても，容姿外見がその人物の評価に関して一定の部分を占める場は，予想外に多い．モデルやタレントのオーディションなどは，容姿外見自体が魅力や資質を意味しているので理解しやすい例だが，その他の場でも容姿外見が人物判断の規準になることは多々ある．恋人選択や配偶者選択においては，マッチングや好みの問題はあるにせよ，容姿が大きなウエイトを占めることは誰も否定できないだろう．外見に関しては，ホテル，レストラン，カジノなどでは，デニムパンツやサンダル着用では不可であるとか，男性であればジャケットとネクタイ着用といったドレスコードなる参入規準を設けているところもある．学校や企業での制服着用義務もドレスコードのひとつと考えられる．もちろん，ゆっくりと時間をかければ，その人の内面まで理解し，容姿外見にとらわれない人物判断も可能になるが，美しく整った顔立ちや容姿，好印象をもたれやすいメイク，高価なアクセサリーやドレス，スーツなどが，短時間で人物評価をしなければならない局面においては，有利に働くことは否めないだろう．

　しかしながら，容姿外見に基づく一種の貴族制度やエリート主義にも繋がりかねないこれらの実態に対して，それを覆い隠す働きのある「人間は中身が大切であり，見かけがすべてではない」といった平等主義的な規範も存在する．

「人間は見かけがすべて」というユウカの発言は，このような規範のタテマエや偽善性を皮肉っているとも解釈される．たしかに美女美男子だけが尊ばれる社会は望ましくはない．しかし，社会を構成する個々のメンバーにとっては少しでも美しくなりたい，というのがホンネであろう．そうであるからこそ，コスメ商品が大きな売り上げを記録し，エステ産業が繁盛し，「本格的な美容外科手術にくらべて気軽に行える」プチ整形が（根岸 2002），多くの人びとに支持されるのではないか．

④ 鬼塚英吉とは，『週刊少年マガジン』に 1997 年第 1 号から 2002 年第 9 号まで連載された，藤沢とおるによる人気まんが作品「GTO」の主人公である．「GTO」はフジテレビ系列にてアニメ化，ドラマ化もなされた（週刊少年マガジン編集部 2002）．

鬼塚英吉は，金髪でヤンキー系のコスチュームに身を包む破天荒な教師だが，ホンネよりもタテマエが要請されやすい中高の教育現場にあって，社会学的にとらえてみれば，「期待破棄実験」(breaching exercises) をしているとも解釈されよう．期待破棄実験とは，その場で遂行すべき道徳秩序を意図的かつ明示的に破棄することによって（クロン 1996：114），あたかも自然のように信じられていた相互行為が，実は，言語化されておらず，自覚的ではないものの，当該社会空間でメンバーに共有されているいくつかの規範のセットによって，社会的に「構築」(construct) されているに過ぎないことを白日に晒すのを目的として実施される社会学的実験のことである．鬼塚英吉は，「真面目な教師，従順な生徒という役割を演じるべき」学校という社会空間において[1]，自由奔放なファッションと行為によって，自ら明示的に規範を破ることで，タテマエの虚構性を暴き，その結果として，教師と生徒とのホンネでの信頼関係と絆を強めているのだ．ダイスケも鬼塚英吉のやり方に倣っているといえる．

1）学校空間については，第 1 章を参照して下さい．

⑤「ル・シャ」(le chat [仏語])はフランス語で猫の意味．ここでは，ユウカが通っている架空の美容室名．この「ル・シャ」や，美容室をサロン (salon [仏語])と呼ぶことを含め，ファッションとメイク関係の店舗名，商品名，メーカー名をフランス語や英語で表記する例はきわめて多数みられる．多くの日本人には，日本語の「美容室ネコタロウ」よりもフランス語の「ル・シャ」の方が，格好良く，美しく，あるいは，それらしく感じられるのだろう．このような心理的傾向を外国文化崇拝 (xenophilism) と呼ぶこともある．xenophilism の対義語は自民族中心主義 (ethnocentrism)[2]．また，同じヨーロッパ言語でも，ドイツ語やスペイン語，ロシア語などが用いられることは希であり，ファッションとメイク関係でフランス語や英語が多用されるのは，パリやニューヨークがその文化的中心だと信じられていることを反映しているのかもしれない．

3 ✳✳ 〈トーク2〉リナとダイスケ（南青山篇）

ダイスケ：ユウカ，ここ一方通行だよ．
ユウカ　：いつも地下鉄で来てるから，ちょい自信ないかも．
ダイスケ：おいおい，大丈夫かなぁ．あっ，あそこかな，お店の Le chat（ル・シャ）の文字がみえるよ．
ユウカ　：そうそう，あそこ．ぢゃあ，ユウカは先に降ろして．ダイスケは車をパーキングに入れてきなさいね．
ダイスケ：「ユウカ姫．御者のダイスケは姫の仰せのとおりにいたしますぞ」なんちゃってね．ユウカは，いつもこうなんだよねぇ．
ユウカ　：こんにちは，ユウカで〜す．

---

2) 自民族中心主義（エスノセントリズム）については，第12章を参照して下さい．

サヤカ　：ユウカちゃん，いらっしゃい．1ヶ月ぶりね．
ユウカ　：電話でお願いしたダイスケときょうはいっしょなの．
サヤカ　：ダイスケくん，こんにちは，サヤカです．アシスタントのリナちゃんを紹介するわね．リナちゃんは，今年，学校を出たばかりの子なんだけれど，とってもセンスがいいのよ．年齢はユウカちゃんと同じ19歳なの．
ダイスケ：リナさん，お願いしま〜す．
リナ　　：ユウカちゃんの彼氏，どんな人かなぁって想像してたけど，ダイスケさんって予想どおりステキですね．平井堅に似てるっていわれたことないですか．
ダイスケ：ないないっ．ないですよ，そんなこと．平井堅みたいに渋くはないです．それより，リナさんって，モー娘．を卒業した後藤真希ちゃんにそっくりかも．とっても美人だし．
リエ　　：うれしいなぁ，光栄です．ウチのお店ではわたしが一番年下だから，ゴマキというよりは，ミニモニ．扱いされてるの．
ダイスケ：リナさんって，ホントにキレイだな．ユウカとか，あんまりメイク(⑥)してないみたいだし，ラメなんかも使わないから．
リナ　　：ユウカちゃんは，メイクが上手なのよ．あんまりコスメを使っていないようにみえるのが，メイクの極意かな．ユウカちゃんは，アイラインも自然に塗れるし，チークも明るいピンクがよく似合ってるわ．もともと，彼女，肌のきめが細かくてキレイなのよね，うらやましいわぁ．それに，わたしなんかより，数段，やせてるし，スタイルがいいんだからぁ．
ダイスケ：へぇ，ユウカもけっこうメイクしてたのかぁ．
リナ　　：ユウカちゃん，毎朝，1時間くらいは鏡の前にすわってるわよ．
ダイスケ：え〜，1時間．オレなんか，シャワー浴びた後，5分でヘアセットして，おしまいなのにぃ．

リナ　　：1時間くらいでおどろいちゃ，だめ．わたしなんかヘアセットを含めて1時間半はかけるわよ．こういうお仕事してるから，メイクに手抜きは許されない．あと，週末は，『ViVi』や『Ray』(⑦)なんかのメイク特集を熟読して，研究しまくってるしね．
ダイスケ：ヘアデザイナーって，人をキレイにしたり，癒したりするのが仕事だから，自分自身もキレイで，研究熱心でなくちゃいけないってことなのかぁ．なかなか，奥が深いなぁ．
リナ　　：ダイスケさん，ぢゃあ，そろそろ，シャンプーしましょうか．
ダイスケ：は～い．

4＊＊〈フットノート2〉リナとダイスケ（南青山篇）で社会学しよう！

　⑥広義でのメイク＝化粧は，大きく分けて，(1)髪，眉を切ること・抜くことや，爪，歯，身体に何らかの加工を施す「身体変工」，(2)タトゥーイングなどの「色調編成」，(3)体全体の皮膚に色を添えるボディペインティング，顔を中心としたメイク，ネイルアートなど「塗彩」といった3つの系統に分類されるという（村澤2001：49）．ただし，日常においてメイクといった場合には，3番目の「塗彩」の中でも，とくに顔を中心とした狭義のメイクを指すことがほとんどだろう．
　人はなぜメイクするのだろうか．メイクの効用は論理的には，「自己への効用」と「対人的効用」に分けることができる．自己への効用とは，メイクした本人自身が自分の美しさに自信をもったり，満足したりすることを意味する（大坊1996：37-38）．メイクによって気持ちの切り替えや昂揚感を味わったり，あるいは変身願望を満たすこともできる．このような効用を活かして，高齢者ケアや精神臨床の場面でリハビリの一環として利用されることもあるという（伊波1996：184-187）．次に，メイクの対人的効用とは，自己の身体的魅力を増すことを意味している（大坊1996：40）．身体的魅力は，性的魅力と密接な関係

にあり，同じセクシュアリティの相手に対するものと，異なるセクシュアリティの相手に対するものの2つのタイプが考えられよう．対人的効用である身体的魅力の増進は，それにともなう社会的承認や人気に繋がることで，最終的には「自尊感情」を強めるものであり，メイクの自己への効用と対人的効用は，実は，コインの裏表のような関係にあり，不可分である．

　⑦『ViVi』（講談社，45万部）と『Ray』（主婦の友社，40万部）は，月刊の女性ファッション誌．若い女性に支持されているメジャーなファッション誌としては，他に，同じく月刊の『CanCam』（小学館，56万部）と『JJ』（光文社，64万部），月に2回発行の『non・no』（集英社，92万部）があり，以上でこのジャンルでの売上部数トップ5を占めている（日本雑誌協会 2001）．

　これらのファッション誌やTVなどに代表されるマスメディアが読者や視聴者に送り出すメッセージが，ファッションやメイクの大きなムーブメントを創り出す側面は無視しえないだろう．各誌によってターゲットとなる読者層は，若年層女性という点では重なりつつも，主たる購買者が大学生なのかOLなのかといった世代やライフスタイルに係わる若干の違いがある（日本雑誌協会 2000）．それにともない，特集記事におけるおすすめファッション・アイテムや，アイラインやチークといったコスメの色遣いなどが微妙に異なることも知られており（細井・前橋 2003：19），各誌の個性が感じられる．ファッション誌をはじめ，マスメディアが発信するメッセージの科学的理解のためには（平野 1996：79），文字や絵・画像についての「内容分析」（content analysis）と呼ばれる計量的かつ系統的な社会学方法論が不可欠となる（栗田 2001）．

3）セクシュアリティについては，第7章を参照して下さい．
4）メディアが発信するメッセージについては，第6章を参照して下さい．

5 ** 〈トーク3〉ユウカとサヤカ（お台場篇）

サヤカ ：ユウカちゃん，ダイスケくんを「ル・シャ」に置いてきちゃっていいの，ホントに．かわいそうじゃない．

ユウカ ：いいんですよ．ダイスケの金髪は，ブリーチし直したうえに，ベースカラーを入れて，そのうえにカラーリングするわけだから，全部で6時間くらいかかるでしょ．

サヤカ ：その間に，お店を抜け出して，お台場まで来てネイルケアして，お茶してから南青山に戻っても，まだ時間がある，という計算なのよね，ユウカちゃんは．

ユウカ ：それと，サヤカさんが最近買った，フェラーリに乗せてもらうというオマケの愉しみもありますしね．

サヤカ ：南青山あたりの都道ぢゃあ，エンジンを確かにもてあましちゃう．たまには，こうやって首都高の湾岸線や台場線を走るのもいいものね．

ユウカ ：きゃっ，東京湾，超キレイ！

サヤカ ：レインボーブリッジはいつ通っても最高．ユウカちゃんもダイスケくんとドライブしたらいいのにね．レインボーブリッジを過ぎれば，もう，お台場．

ユウカ ：いよいよ，ヴィーナスフォート（⑧）に到着ですよ～．

サヤカ ：さぁ，着きました．ぢゃあ，ネイリスト（⑨）のアユちゃんのところに行きましょうか．

ユウカ ：ちょっと，待ってぇ．あそこのショップでドルガバのフェミニン（⑩）を買ってくる．

サヤカ ：ユウカちゃんのお気に入りのフレグランスね．

ユウカ ：お待たせしましたぁ．ダイスケのも買っちゃった．

サヤカ ：やっぱり優しいのね，ユウカちゃんは．さてと，この先が，目的地なのよ．
ユウカ ：わぁ，ステキなお店．
サヤカ ：アユちゃん，おひさしぶり．
アユ ：サヤカさん，こんにちは．あっ，バーキン⑪ぢゃあないですか．このあいだはケリーだったのに．あっ，そうだ，今度「ル・シャ」の支店をヴィーナスフォートにも出すってことをマネージャーから聞いてますよ．
ユウカ ：へぇ，サヤカさんって商売上手でお金持ちなのね，それでなきゃ，フェラーリなんて乗れないかぁ．
アユ ：こちらが，ユウカちゃんね，こんにちは．
ユウカ ：はじめまして，ユウカです．アユさんが，日本一のスーパーネイリストだって，サヤカさんから聞いたので，お台場まで来ちゃいました．
アユ ：日本一っていうのは，サヤカさんのお世辞よ．でも，腕には自信あるから，おねえさんに，ど〜んと任せなさい．
サヤカ ：手のマッサージ・リラクゼーションからネイルケア，ネイルカラーまで，たっぷり90分くらいかかるから，ゆったりとした気持ちでやってもらいなさいね．
ユウカ ：ぢゃあ，お願いしま〜す．
アユ ：こちらこそ，よろしくね．

6 ** 〈フットノート3〉ユウカとサヤカ（お台場篇）で社会学しよう！

⑧ ヴィーナスフォートとは，東京都江東区青海，フジテレビ本社屋の所在地としても有名な，通称，お台場にある若年層女性をターゲットとしたアウトレット・モール＝商業集積施設．隣接するトヨタ自動車のショールーム・博物

館や東京湾を一望する展望観覧車などと一体となって，デートスポットと化しており，クリスマスイブや大晦日のカップルによる賑わいは特筆に値する．トーク2で登場した南青山，表参道や渋谷[5]などが，首都圏においては流行発信地であり，若者のファッションに関係の深い街といえるが，数多くのハイセンスなショップが一堂に軒を連ね，ドライブを兼ねたマイカーでのアクセスの良さがウリとなっているアウトレット・モールは，その利便性と手軽さが魅力となって，若者層にも大いに支持されている．このようなアウトレット・モールが支持されるのは，商業集積施設としての従来のデパート的機能の他に，周辺環境を含めた庭園風で夢のある街づくりがテーマパークに似た癒し効果を醸し出すのだろう．その意味で，アウトレット・モールは，(1)「ショッピング」という生活機能，(2)「遊びやデート」という娯楽・社交機能，(3)「夢見心地で癒される」というリラクゼーション機能の3つを有したマルチなファッショナブル・タウンと定義することもできるかもしれない．この他に，首都圏の若者層に人気のあるアウトレット・モールとしては，東京ディズニーリゾートに隣接したイクスピアリや幕張新都心のガーデンウォ〜ク幕張などがある．アウトレット・モールなど商業集積施設のもつ社会的，文化的意味については，フィスク（1998）の先駆的分析が参考になる．

⑨ ネイリストとは，「爪をケアし，指先を美しく演出する」専門技術者を指し，ネイルサロン数は美容室などが兼ねるケースを含めて約6,000店，ネイリストは約10,000名にも及ぶ（三田村2002：122）．一世代前まではヘアとフェイスケア中心だったビューティービジネスの世界も，その対象が現在は，爪・指先を含めてボディ全体に広がっている．ネイルケアは，サロンやメニューにも依存するが，フルコースでは，(1)手全体のマッサージなどのケア，(2)爪をナチュラルな状態に戻すカラーオフ，(3)形を整える，(4)甘皮の処理，(5)カラー

---

[5] 渋谷の街については，第11章を参照して下さい．

を塗る，といった段階を踏んで行われる（黒崎2002：2-4）．1時間以上かけることも普通だから，爪と指先を美しくするというネイルケア自体はもちろんのこと，美容室同様に，サロンでゆったりくつろぐことで癒されるリラクゼーション機能が，ここでもまた，サービスの一部として望まれているのだ．

⑩ドルガバのフェミニンとは，ユウカのお気に入りフレグランスである，イタリアの人気ブランド，ドルチェ・アンド・ガッバーナ（Dolce & Gabbana）のオードトワレを指す．フレグランスは，賦香率（香料の濃度）によって，オーデコロン，オードトワレ，オードパルファム，パルファム（香水）の4つに分類されるが，日本では，賦香率のそれほど高くないオードトワレが好まれる傾向があり，市場に多く出回っている（香水物語2002）．ちなみに，1997年に実施された首都圏在住の15歳から64歳までの1,150人の女性を対象としたポーラ文化研究所による調査によれば，フレグランスを1週間に3回以上用いる人が31％，1ヶ月に1回以上は用いる人になると，全体の半数である50％となる．そして，もっとも使用頻度の高い19歳から23歳までの年齢層では，1週間に3回以上用いる人が50％，1ヶ月に1回以上は用いる人になると，全体の4分の3に近い72％にも及ぶ（村澤・高谷1998：63）．

匂いや香料は，伝統社会においては，宗教的儀礼で用いられる他は，セクシュアリティと結びつけられて語られることが多かったが，現代社会におけるフレグランスは，第1に，性的魅力の増進作用に加えて，第2に，悪臭回避と清潔感・爽快感確保という生理的・心理的作用（同時に社会的要請でもある），第3に，自分や恋人の好みの香りというファッショナブルなアイデンティティ確認作用が考えられるが，第4に，何よりもフレグランスを「身につけるという行為自体，その人が動物的な自然状態よりも一歩上にいることを示す徴となる」社会的地位確認作用も指摘しうる（ワトソン2000：227）．

⑪バーキンやケリーとは，フランスの高級ブランド，エルメス（HERMÈS）のバッグ．バーキンは大きさにもよるが正規直営店で60万円以上の価格．販売数が少なく入手困難なためプレミアが付き100万円以上で売買されることも

多い（ミズアドバンス 2002：131）．都内に複数の支店を擁するサロン経営者のサヤカであれば，エルメスを常用するのは当然ともいえる．しかしながら，現代日本においては，かならずしもそれほど裕福ではない人びとも，高級ブランドのバッグやアクセサリーを身につけることが，不自然ではなくなってきた．収入と持ち物とはバランスさせるべきだという従来の常識とは相容れないものの，シャネル（CHANEL）のバッグやヴィトン（LOUIS VUITTON）のモノグラムを抱えた女子高校生，カルチェ（*Cartier*）のブレスレットを身につけた OL，ロレックス（Rolex）のエクスプローラーを腕にはめたサラリーマンは，ごく普通な都市の風景となっている．

　日本が現在おかれた社会状況から，このようなブランド人気を説明してみたい．戦後復興や高度経済成長のおかげで 1970 年代までは縮小してきた収入格差や学歴格差が，1980 年代以降，徐々に拡がり始めている．2 世議員や 2 世タレントに象徴されるように世襲とまではいかなくとも，職業選択の可能性が狭まり，階層移動の流動性が損なわれてきており，本人の努力に見合った地位が獲得できるという機会の平等を謳う「業績」（achievement）神話は崩れ，親の地位とほぼ同じ地位を継承できる／せざるをえない「属性」（ascription）原理という古くて新しい神話も再度浮上してきている．[6]「がんばれば，がんばるほど，成り上がれるぞ」という変動社会から，「がんばっても，がんばらなくても，あんまり変わらないや」という安定社会へ移行しつつあるのだ．それは日本の経済・社会・文化の成熟，爛熟とともに不可避の結果でもある（深刻な不況下の現在でも状況は同じである）．しかしながら，他者との差別化をはかるためには，努力と競争に基づく達成的地位を誇示することが叶わなくなっても／叶わなくなったがゆえに，「いかに貧しかろうと，人はつねに少しでも上の階層を羨望の目で見続けるから，結果的に上流階級＝有閑階級の生活様式が大衆の

6）社会階層については，第 5 章を参照して下さい．

日常生活のなかへ取り」こまれ（高 1998：454），もはや「日常的消費財は社会的地位の象徴にはならなくなって」いるために（ボードリヤール 1979：62），本来は貴族層や富裕層御用達だった高級ブランドが，それを気軽には購入できない中間層，若年層にまで普及してゆく．高級ブランドは，お嬢様・お姫様感覚，エグゼクティブ感覚，VIP 感覚を手軽に演出できる癒しのツールだ．その意味では，たとえローンを組んで購入したとしてもバーキンの 100 万円やエクスプローラーの 40 万円で満足感や優越感が味わえるのだから，刻苦勉励して立身出世するのに較べたならば，ずいぶん安価な投資ともいえる．以上の社会過程は「顕示的消費」（conspicuous consumption）というコンセプトに要約され（ヴェブレン 1998：89），この高級ブランドの顕示的消費が，タレントや有名人，ストリート・カルチャーからの影響によって，さらに加速化されていることはいうまでもない[7]．

　さて，読者の皆さん，ファッション，メイク，フレグランスの社会学はいかがでしたか．紙幅の関係で，そろそろ筆をおかねばなりませんが，ここから先のお話は，武蔵大学社会学部で開講される「ファッションとメイクの社会学」や「ポップカルチャーの社会学」などの授業で，ぜひお聴きいただければ幸いです．

（栗田宣義）

参考文献
伊波和恵「化粧と社会的適応」大坊郁夫・神山進編『被服と化粧の社会心理学』
　北大路書房　1996 年　178-196 ページ
ヴェブレン，T. B.『有閑階級の理論』ちくま学芸文庫　1998（原著 1889）年
大坊郁夫「化粧心理学の動向」大坊郁夫・神山進編『被服と化粧の社会心理学』

7）文化と階層の関係については，第 10 章を参照して下さい．

第8章　ファッション

　　　北大路書房　1996 年　28-46 ページ
栗田宣義「アイコン分析序説」『武蔵大学総合研究所紀要』第 10 号　2001 年　243-253 ページ
栗田宣義『トーキングソシオロジー』日本評論社　1999 年
黒崎えり子『スーパーネイルブック』成美堂出版　2002 年
クロン，A.『入門エスノメソドロジー』せりか書房　1996（原著1996）年
香水物語「香水基礎知識」『香水物語』2003 年
　　　http://www.km-net.com/kisochishiki.html
　　　2003 年 1 月 3 日更新　2003 年 1 月 5 日確認
高哲男「訳者解説」『有閑階級の理論』ちくま学芸文庫　1998 年　435-460 ページ
沢田浩・田島尚子編『ベスト版ヘアオーダーカタログ』芝パーク出版　2003 年
週刊少年マガジン編集部「藤沢とおる」『作家プロフィール』2002 年
　　　http://www.shonenmagazine.com/profile/profileh.html
　　　2002 年 12 月 17 日更新　2003 年 1 月 5 日確認
仲川秀樹『サブカルチャー社会学』学陽書房　2002 年
日本雑誌協会編「読者構成データ」『日本雑誌協会』2000 年
　　　http://www.j-magazine.or.jp/FIPP/FIPPJ/E/flame3.htm
　　　2000 年 3 月 1 日更新　2003 年 1 月 5 日確認
日本雑誌協会編「発行部数リスト」『日本雑誌協会』2001 年
　　　http://www.j-magazine.or.jp/FIPP/FIPPJ/F/index.htm
　　　2001 年 7 月 31 日更新　2003 年 1 月 5 日確認
根岸圭『プチ整形で心も輝く』二見書房　2002 年
平野浩「マス・コミュニケーションの内容分析」栗田宣義編『メソッド／社会学』
　　　川島書店　1996 年　79-94 ページ
フィスク，J.『抵抗の快楽』世界思想社　1998（原著1989）年
細井美紀・前橋亜希子「2002 年メイク」栗田宣義編『ファッションとメイクの社会学リサーチブックレット』第 2 号　武蔵大学社会学部　2003年　27-28 ページ
ボードリヤール，J.『消費社会の神話と構造』紀伊國屋書店　1979（原著1970）年
ミズアドバンス編「今すぐ買えるショップリスト」『HERMÈS SUPER COLLECTION』交通タイムズ社　2002 年　131-132 ページ
三田村蕗子『[最前線] ビューティービジネス――知りたいことがスグわかる!!』
　　　こう書房　2002 年
村澤博人「髪色観の変化は全年齢に！」『化粧文化』第 38 号　ポーラ文化研究所
　　　1998 年　38-41 ページ

村澤博人・高谷誠一「データから見た女性のおしゃれ意識の 10 年」『化粧文化』
　第 38 号　ポーラ文化研究所　1998 年　55-66 ページ
村澤博人「化粧の文化誌」大坊郁夫編『化粧行動の社会心理学』北大路書房
　2001 年　48-63 ページ
ロレアルパリ「ヘアーカラリングの歴史」『知られざるロレアルパリ』2002 年
　http://www.loreal-paris.net/b/b.22/b21.htm
　2002 年 11 月 27 日更新　2003 年 1 月 1 日確認
ワトソン，L.『匂いの記憶』光文社　2000（原著 2000）年

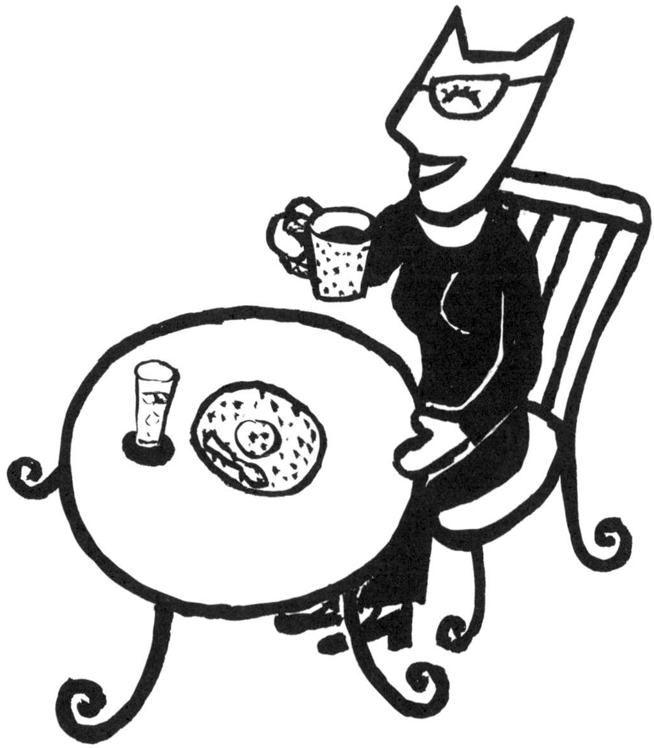

Part III
Holiday
カオリさんの場合

〈オープニングストーリー〉

　28歳，社会人です．仕事はテレビ局で番組制作(⇒第9章)をしています．今の仕事はけっこうハードですが，お給料は良い方だと思います．

　仕事がら休みの日というのは不規則なんですが，車が好きなんで，休みが取れるとパァ〜っとハデにとばして遊びに行きますよ．地図を片手に，気の向くまま街を飛び出して行くって感じです．こないだは伊豆高原で美術館(⇒第10章)めぐりをしてきました．ちょっと一息つきたい頃に，作りたてのアイス売ってるところ見つけて，美味しかったです．

　車って気分でない時は，街中を歓歩(⇒第11章)したりもします．意外なところに新しいショップとかカフェとかを発見したりして，それもまた楽しいんですよ．ちょっと長めのお休みを取れたときは，海外旅行(⇒第12章)に行くこともあります．やっぱりレンタカー借りてあちこち走りまわることが多いかな．基本的に，子どもの頃からフットワークは軽いほうですね．

第9章
番組制作の現場から
──ドキュメンタリー研究入門──

　カオリさんは土曜日の朝の情報番組を担当するチームに所属しています．仕事は各地の話題を探して企画をたて，それを取材してVTRにまとめ，生放送の番組の話題コーナーのひとつとしてONAIRします．その部分についてはカオリさんがディレクターです．

　このチームは番組の責任者であるプロデューサーのもとに，3人のキャスター，チーフディレクター，3～4人のディレクター，番組の進行を補佐するアシスタントディレクターなど12～13人のメンバーで編成されています．技術スタッフや外部の制作プロダクションのスタッフ等を加えると総勢30人近い[1]人間が関わっています．

　入社7年目のカオリさんは他の番組のアシスタントディレクターなどを経験したあと，去年の夏から，この番組の話題コーナーのひとつをまかされるディレクターになりました．朝の生番組なので，放送のある土曜日は早朝出勤．その日の放送が終われば即，来週の番組の打ち合わせが始まります．自分が取材した話題のONAIRの前などは編集や仕上げの作業で徹夜になることもあります．出張も続くし，取材の合間をぬって次の企画会議に出す企画のリサーチ，企画書の作成，取材先への依頼や連絡，取材チームとの打ち合わせなど，短時

---

1) 生放送のスタジオでは，3台のカメラで放送する場合，カメラマン3人，各カメラの映像をセレクトし，放送にのせる画面を決定するスイッチャー，映像の管理をするVE，照明，音声，VTRなどの技術スタッフ，生放送の時間の進行を管理するタイムキーパー，スタジオの美術やセットの担当者，メイクの係りなどたくさんの人が仕事をしている．また，局の人間だけではなく，制作プロダクションのスタッフも参加して，取材やスタジオの業務を担当することも多い．

間にやらなければならない仕事がドッと押し寄せてくる毎日です．やっと取れた休みの日も，一日家でダラダラ寝ているという状態で，パァ〜っとハデに飛ばしてドライブというのも，このところちょっとごぶさたです．すこし忙しすぎるなァ，というのがカオリさんの実感です．

1 ∗∗ 情報番組・ドキュメンタリー・バラエティ

　さて，毎日放送されているテレビ番組はどんな内容でつくられ，その演出はどんなものでしょうか．カオリさんが仕事をしている情報番組に例をとってみていきましょう．

　この番組は生放送ですから，スタジオではキャスターがその日の朝までのいろいろなニュースや情報を伝えます．きょうの天気や予定されている大きな行事についてのコメントもあるでしょう．それから，その日のメインの話題やスタジオに出演するきょうのゲストが紹介されます．この最初の数分間が大切で，そこに視聴者をひきつける魅力がないとすぐチャンネルを変えられてしまうといわれています．このあと番組は事前に取材，編集したVTRでみせる話題と，それをうけるスタジオの出演者が交互にでる形で進行します．もちろんそこにはバラエティに富んだ演出があり，VTRの中で紹介した品物（たとえば，ある地方の特産の農産物とか）がスタジオに持ち込まれていて，出演者やゲストの会話がはずむとか，VTRに出演した人びとと中継がつながっていてスタジオと現場とのかけあいで話題が盛り上がるとか……．いずれにしても，事前に取材したVTR素材をみて，それにスタジオの出演者が反応するという形式が一般的です．演出的にいえば，視聴者とスタジオの出演者がこのVTRの話題を一緒にみているのだという雰囲気がつくられています．VTRの部分だけをみれば，それは短いドキュメンタリーに近いものですが，そこにスタジオの反応を加えることで，親近感や話題性を盛り込んでいるのです．そして，現在，テレビで放送されている番組の多くがこの形式でつくられています．それは情報番

組にかぎりません．

　たとえば，バラエティ番組です[2]．現在のテレビ界はバラエティ全盛時代とも，あらゆる番組がバラエティ化しているともいわれています．それ程，バラエティ番組がたくさんありますが，多くのものはVTR取材の部分とスタジオのタレントがそれをみてコメントする部分とで成立しています．『電波少年』(NTV系)はVTR取材での奇想天外な事態をみながら，松本明子以下のスタジオの出演者の反応のおもしろさを楽しむようになっていました．『世界ウルルン滞在記』や『世界・ふしぎ発見！』(いずれもTBS系)のように，以前だったらVTR構成の紀行番組やドキュメンタリー番組として制作されたと思われるものも，スタジオのタレントや著名人の反応のおもしろさ，またクイズに答える際の機知に富んだ会話などが売り物になっています．『どっちの料理ショー』(NTV系)なども，番組のベースは明らかにスタジオバラエティですが，そのVTR取材の部分にはドキュメンタリーの取材スタイルと方法がとり入れられています．そして，いずれのバラエティもVTR部分のリアリティ(感動，驚き，笑い，意外性，未知への興味など)が充分生かされることで，番組として成立しているのです．そのリアリティを受け止めた視聴者がスタジオのタレントや著名人と，同じひとつの気分を共有できるというところに番組の人気の要因があるのだといえるでしょう．

　こうした演出形式は今ではすでにおなじみのものですが，テレビの歴史をふりかえってみると，そんなに昔からあったスタイルではありません．1980年代までは，スタジオで制作するバラエティ番組やクイズやトーク番組などとフィールドで取材をしてつくるドキュメンタリー番組や紀行番組とは，はっきり別のものでした．フィールドでの取材に16ミリフィルムが使われていたことも，その区別の大きな理由でした．フィルム取材には高度な専門技術が必要で

---

[2] バラエティ番組については，第6章を参照して下さい．

すし，フィルムの画質がスタジオの画質とは違う特徴をもっていることもあって，フィールド取材の番組とスタジオ番組は違う分野と考えられていました．その上，フィルムは値段も高く，現像やプリントに時間がかかります．

それでも，ドキュメンタリーや紀行番組，情報番組の取材ものなどではフィルムが使われていました．社会のさまざまな動き，世界中の人間の現場を伝えることがメディアとしてのテレビの役割だとすれば，フィールドでの取材なしにテレビは成り立ちません．

しかし，80年代になってフィルムカメラと同じように使える軽量小型でハンディなVTRカメラ[3]が開発され，アッという間に各テレビ局がそれを使いはじめました．この時，テレビに大きな変化がおこったのです．

まず，ニュースや情報番組が変わりました．ニュースで重要なのは速報性です．VTR取材になって，取材から放送までの時間が劇的に短縮されました．フィルムを現像するというプロセスがなくなったからです．カメラマンがもつVTRカメラで，そのまま生中継もできます．情報番組でも，VTR取材による話題が増え，映像的にも内容が豊かになりました．現在のような演出形式が確立された訳です．

しかし，もっとも大きく変わったのはバラエティ番組だといわれています．もっぱらスタジオという密室で，決められた演出の中での笑いや芸やスリルをみせてきたバラエティ番組が，その小型VTRカメラを駆使してフィールドへ出るようになったのです[4]．スタジオという密室での演出が限界に来ていた時期だったともいえますが，何か新しいこと，おもしろいことを外にもとめたので

---

3) テレビカメラは，もともとカメラ部分とVTR部分が別々で，その間は太いケーブルで結ばれたものだった．どちらもとても大きくて重く，カメラマンが担いで撮影することはできなかった．しかし，1970年代後半以降，VTRの技術が飛躍的に進歩し，カメラとVTRが一体になったコンパクトなテレビカメラが開発された．これによって，その後のニュース・番組制作の手法は大きく変化した．この一体型ビデオカメラは，その後さらに改良が進み，現在では世界中のほとんどのテレビクルーがこのカメラを使用している．

す．ドキュメンタリーの独壇場だった社会のさまざまなリアルな現場で，その動きをとらえ，またその現場へタレントを入れることで新しい状況を生み出すという方法です．

前に述べたように，この方法が現在のバラエティ番組の主流になっています．こういう傾向について，ドキュメンタリーのバラエティ化だという批判的な意見もありますし，バラエティがドキュメンタリーをとりこんで新しい分野を開拓したとして評価する見方もあります．

いずれにしても，VTRカメラをもって外へ出て行き，社会の現場で取材をするという番組のつくり方が現在のテレビ番組の多くの分野にとりいれられ，番組制作の核になっているのは確かです．

2 ** 番組制作のプロセス

どんな番組でも，完成するまでには必ず紆余曲折があるもので，その過程は簡単ではありません．テレビ番組がたくさんの人の手を経てつくられるものだからでもあります．その複雑な過程を，ここでは「企画を立てる」「取材をする」「編集・仕上げをする」という3段階のプロセスに整理しました．

番組のディレクターは，まず「企画」を考えます．最初に企画ありきです．——何をとりあげるのか，素材は何か，テーマは何か，どんな番組にするのか，など番組の内容とイメージをつくります．そのための取材（リサーチ）が必要です．さらに，番組の長さや制作スケジュール，予算やスタッフの構成など制作に関わるすべての情報を提示します．企画を立てたディレクターはそれを一枚の企画書に書きます．話すのではなく，紙に書いた文字にすることが大事な

---

4) 1983年に大阪の毎日放送が始めた『夜はクネクネ』は全編，この一体型カメラによるVTR取材のバラエティだった．その後，取材VTRをネタにしたスタジオバラエティというスタイルを確立させたのが『天才・たけしの元気が出るテレビ!!』（85年・NTV系）と『探偵！ナイトスクープ』（88年・朝日放送）だった．

のです．それによって，プロデューサーをはじめ，他のスタッフが企画の内容を理解できるのです．一枚の企画書が番組に関わるすべての人びとの共通認識を生み出します．企画書を書くことがディレクターの最初の仕事です．

「取材」は，この場合，VTRカメラやマイクをもって現場に行き，撮影や録音をする映像取材のことです．「取材」というと非常にひろい意味があり，企画書を書くためのリサーチも取材だし，スタジオに来てもらう出演者にあらかじめ話しを聞くのも取材です．記者やリサーチャーも取材をします．それらの「取材」一般と映像取材との違いはカメラやマイク，時には照明器具の存在です．これらの道具がなければ，どんな良い場面に遭遇しても「映像に記録」することはできません．しかし，カメラやマイクは日常空間では，かなり異質なものです．人はカメラやマイクの前では，なかなか普段のままには行動してくれません．ここに映像取材の難しさと特殊性があります．

カメラやマイクを使ってフィールドで行う映像取材のことを，テレビや映画の世界では，「ロケ」とか「ロケ取材」といいます．ロケーション（場所）の意味から使われている言葉です．番組制作の全過程を通じて，「ロケ」はもっとも重要な要素ですが，ロケのさまざまな問題については，「ロケ取材の実際」の節で詳しく述べることにします．

ロケで撮ってきたVTRはそのままでは映像の素材にすぎません．この素材をストーリーにそって整理し，並びかえ，あるテーマやメッセージが伝わるように組み立てる．それを「編集」といいます．編集はあらかじめ決められた形に向けて映像をつなぐ作業のように思われがちですが，実はそうではありません．ロケが終わると，ディレクターは撮れた素材をもとに構成案をつくります．編集作業を進めるためですが，その時はじめて映像をみる編集者の目は現場で取材をしてきたディレクターやカメラマンの見方とは違います．現場を知っていると，映像には映っていない部分も含めて，思い込みや先入観，取材先とのしがらみや現場の事情などについ影響を受けてしまうものですが，そういうこととは無関係の編集者の見方は時に非常に厳しいものです．映像に新しい意味

を発見することも多いし，シーンの不足が指摘されることもあります．ですから，ラッシュ（未編集の映像素材）をみた編集者の意見で，番組の骨格が大きく変わってしまうこともあるのです．取材から帰ったディレクターとカメラマンはラッシュをみた編集者の最初の一言の感想を固唾をのんで待つという状況から，編集室の仕事が始まります．

　編集の終わった映像にナレーション，音楽や効果音，テロップの文字などを入れる仕上げの作業を経て番組が完成します．VTR構成番組の場合はこれが放送本番用となりますが，情報番組の話題コーナーのような場合は，番組全体の流れの中での位置づけやスタジオの出演者の関わり方などの設計が必要です．

3 ** ロケ取材の実際

　実は私は，ずっとテレビ局のカメラマンとしてドキュメンタリー番組の制作をしてきました．ヒューマンドキュメンタリーや紀行番組，情報番組の取材（撮影），制作が主な仕事でした．その経験に基づいてお話をすすめます．

　映像取材にかぎらず，どんな「取材」にも事前の調査が必要です．何も調べずに取材現場へいくことはあり得ません．テーマの背景となる事態，人，場所，行事などについての情報を，資料を読んだり人に聞いたりして，あらかじめ調べておくことが重要です．

　しかし，私の経験では，現場へいってみると事前調査で得た情報と実際とがまったく違っていたことが度々ありました．現実の社会はさまざまな事情や複雑な関係の中で動いているのですから，当然，ものごとが資料の記述のように整理されて存在してはいません．取材の現場とはそういうものだと思います．調べていったこととは違う，それを否定するような現実の姿にふれること──実は，これが取材の醍醐味なのです．

　しかし，それならば，事前調査は必要ないかといえば，それは違います．事前調査の情報や知識をもっているからこそ，現場の新しい事態にきちんと対応

写真1

現役時代の筆者．クレーンを使った大がかりなロケもある．

できるのだし，その事態の意味を理解できるのです．映像に記録するということでいえば，事前に知っていたものを映像化するのではなく，今，目に前にある現実の状況をみつめて，その発見を映像化することが大切なのです．

3－1. 市　場

テレビをみていると番組やニュースで市場がよく映されます．海外取材の紀行番組でみる外国の田舎のバザールのシーンなどは，みているだけで楽しいものです．ヒューマンドキュメンタリーでも，主人公が市場で買い物をするシーンはよくあります．年末のニュースでは築地の魚市場の様子や上野のアメヤ横丁の混雑が必ず登場します．

市場では，何かを買いたい人がひしめきあっています．売り手と客の会話は活気にあふれ，人びとの表情は豊かでいきいきとしています．手から手へものとお金がやりとりされ，売買される品物の色彩や珍しさが映像にアクセントをつけてくれます．映像取材にとって，市場は絶好の被写体です．カメラをもってそこに行けば，誰でもその活気にあふれた雰囲気が撮れそうです．

しかし，市場の撮影はそう簡単ではありません．取材者は，あふれる人びとの動きや飛び交う声を全身で感じています．目に入る動き，耳に聞こえる音を一度に体験している状態です．でも，カメラが記録できるのは，その瞬間にファインダーの中に映しだされたものだけなのです．その場の興奮のままに撮影していると，周囲の動きがすべて映像に記録されたかのような錯覚に陥ってし

写真2

市場のにぎわい

まいます．自分たちのその場での体験と映された映像とが，意識の中で混同されてしまうのです．そのような状態で撮られた映像からは市場の雰囲気は何も伝わらず，いたずらに動きまわるカメラがいったい何をねらっているのかわからないということになってしまいます．

こういう現場では，その場の雰囲気に惑わされない冷静な観察眼が求められます．それは今，この瞬間に何をファインダーの中にとらえるかを判断するカメラ・アイといってもよいでしょう．これには高い技術と経験が必要です．

カメラとマイクをかまえて，いざ撮影しようとしたとたんに，それまで活気にあふれていた雰囲気が一瞬のうちに変わってしまうということもよくあります．それも映像取材につきものの難問です．人びとが買い物の手をとめて，カメラの方をジッとみたり，テレくさそうに笑ったりしている．さっきまでとはまったく違う雰囲気になってしまいました．これでは撮影はできません．

映画監督の羽仁進さんは，若い頃作った『教室の子供たち』という記録映画の撮影で，小学校の教室へ映画のカメラを持ち込んだ時のことを，興味深いエピソードで紹介しています（羽仁 1958）．

カメラを持ち込んだ最初の日，子どもたちは初めてみる映画のカメラやスタッフと接して大さわぎになってしまいました．もの珍しそうにカメラの周りに集まってきたり，レンズを覗きこんだりして，とても子どもたちの自然な様子を撮影することなどできそうもありませんでした．しかし，しばらくそのまま

にしておくと，子どもたちはカメラにすっかり飽きてしまい，カメラの方を見向きもしなくなったそうです．そして翌日，同じようにカメラをセットしたときにはカメラがあることにまったく興味を示さなくなり，普段どおりの子どもたちの姿を撮影できたといいます．

人間には見慣れたものには関心を示さないという習性があるようです．ロケの現場ではカメラやマイクを周囲の人びとに意識させないようにすることが大切です．テレビの制作現場では，これを「空気になる」などといいますが，空気のように誰も気にとめない状態になればシメタものです．それには，羽仁さんの例のように，時間をかけることも必要ですが，周囲の動きに違和感を与えないような態度や身のこなしを心がけなければなりません．それでいて，周囲の動きに惑わされない冷静さを保つというのは，実に難しいことですね．

3－2．道

村はずれの道を歩いていくと，向こうから籠を背負ったお婆さんが来ました．私たちはさっそくカメラとマイクの準備をします．準備といってもスイッチを入れるだけです．すれちがう時，私たちにちょっと会釈をするお婆さんにディレクターが声をかけます．

「こんにちは．お婆さん，ちょっとおしえて下さい．農協の支所へ行くんですけど，どう行けばいいんですか？」

「……支所？ 支所かね？ 支所はあっち」お婆さんは私たち（3人です）をみながら，村の方を振り返ります．

「まっすぐ行けばいいんですか？」

「そうよ．この道をずっと行くとな……コウ，道があるから，そこをコウ行ってな．トミタの店のところをな，スタンドがあるけん，すぐ分かろ」お婆さんは身ぶりをまじえて説明してくれますが，よくわかりません．

「トミタの店……そこを曲がるんですか？」

「曲がるんじゃ．コウ……（身ぶり），それがホレ，こういう道じゃなしにな，コンクリの道じゃ．まっすぐ行けばセンターのところよ．すぐ分かろ」

写真 3

村はずれの道

「センター……」

　私たちはお婆さんの姿を撮影していますが，カメラもマイクも小脇にかかえているだけなので，普通に立ち話をしている感じです．それでも，お婆さんにとってはカメラをもった3人組はすこし異様で，明らかに他所から来た者たちです．撮影していることも，とっくに解っているかもしれません．

「あんたらテレビ局かね？」

「そうです．ちょっと農協へ行こうとおもって……」

「そうかね．取材かね……．この道をずっと行くとな，コウ，道があるから，そこをコウ，行ってな，センターの方じゃ．トミタの店がある……」

　きっと，何十年もここに暮らしているお婆さんの気分の中には，農協の支所までの道の風景が自然に浮かんでくるのです．しかし，目をつぶっても行けるようによく知っている場所へ行く道を説明するのは，とても難しい．日本中どこの田舎でも，こうして道を尋ねると，方言のバラエティはいろいろですが，だいたい同じような説明で教えてくれます．そして，それは村の人びとの生活感や人柄のにじみでた，情緒豊かな会話であることが多いものです．そこには，映像でなければ描けない雰囲気があふれています．

　農協の支所へ行くのならば，適当に村の中心部へ行って尋ねればすぐわかるでしょうが，ここでは，それが目的ではありません．道で出会ったお婆さんに道を尋ねて，説明してもらう，その言葉や仕草が大切なのです．番組のテーマ

とはあまり関係のない，こういう立ち話がとても印象的なシーンとなることがあります．ロケ取材のおもしろいところです．

3－3．インタビュー

どんな番組でも，人がその人自身の言葉で語るシーンは強い力をもっています．言葉といっしょに，その人の表情や仕草も画面から同時に伝わってくるからです．インタビューはテレビの取材手法として，とても重要です．

テレビの取材にかぎらず，人に会って話を聞くことは人間関係の基本です．その関係を良好で親密なものに保つことができなければ，どんな会話もギクシャクしたものになってしまう．インタビューの要諦もそこにつきると思います．

しかし，テレビの取材の場合，普通の会話と違って，話し手と聞き手の間にはカメラとマイクがあります．そうです，またしてもカメラとマイクです．

誰でもカメラやマイクを前にすると緊張してしまいます．私の経験でも，インタビューした相手の人に，「マイクの表面の小さな穴がだんだん大きくなって，こちらに迫ってくるようだった」とか，「レンズに吸い込まれるような感じがした」などといわれたことがあります．こんな状態では，インタビューが成功することはありません．

話し手に，普段のまま話してもらうにはどうすればよいか——これはなかなか難しい問題で，こうすればいいという絶対の方法はありません．聞き手の人柄とか知識などがうまく作用して，その場のよい雰囲気を作るということに尽

写真 4

沖縄・波間島の海岸でのインタビュー

きるでしょう．しかし，あえていえば，その人の生活や仕事の現場で，何か作業をしながらインタビューをすると，案外，自然で普段通りの話が聞けることが多いものです．仕事の手を休めずに話すので，話の方に集中できないのが，かえって良い結果を生むのかもしれません．

　仕事をしながら聞くという雰囲気になじまない，もっと深刻な話題もあります．そんな時は長い時間をかける必要があります．番組のねらいを，話し手の方に充分理解してもらうことが肝心ですが，あまり性急に問い詰めたり，言葉につまった相手に質問の追討ちをしたりするのはもっともまずいやり方です．言葉につまっている話し手の表情もインタビューの重要な要素なのです．

　そして，本題とは関係のない世間話をしたり，お茶のお代わりをしたりする時間の持続の中で，その場の雰囲気を安定させる工夫をします．カメラの構え方やテープの交換のタイミングにも気をくばって，雰囲気をこわさないように注意します．親密さ，安心感といったその場の雰囲気を聞き手と話し手が共有しているということが大切なのです．

　ドキュメンタリーでも情報番組でも，テレビのロケ取材では現実の社会や家庭で生身の人間が営んでいる仕事や生活の場にカメラが入り込んでいく訳ですから，その現場の人びとが取材についてきちんと了解してくれないと成り立ちません．取材される側の人びとの納得が大前提です．テレビ番組の取材では，特殊な場合（たとえば，犯罪の現場の撮影や動物の生態の撮影など）をのぞいて，相手に気づかれずに撮る「かくし撮り」はあり得ません．

　むしろ，取材する側と取材される側の納得（信頼関係でもあります）が生み出した新しい状況の中で取材が始まるのだというべきでしょう．この節のはじめに述べた，事前に調べたことと実際との違いというのはこのことです．事前調査にこだわって，そのとおりにしたいと考えているようでは，現場の人びととの信頼は得られません．そこにある事実を「みる」ことからすべてが始まるのです．そして，亡くなった映画作家小川紳介さんの言葉にあるように（小川

1993),取材する側とされる側,両者の共通の意識による共同作業の結果としてあることが,ドキュメンタリーの本来の姿なのだと思います.

(戸田桂太)

参考文献
小川紳介『映画を穫る』筑摩書房　1993年
河村雅隆『ドキュメンタリーとは何か――テレビディレクターの仕事』ブロンズ新社　1995年
桜井均『テレビの自画像――ドキュメンタリーの現場から』筑摩書房　2001年
鈴木志郎康『映画素志』現代書館　1994年
羽仁進『演技しない主役たち』中央公論社　1958年
フラハティ,F. H.『ある映画作家の旅――ロバート・フラハティ物語』みすず書房　1994(原著1984)年
山登義明『テレビ制作入門』平凡社新書　2000年
吉田直哉『脳内イメージと映像』文春新書　1998年

第10章
「美しさ」を感じる技法(メチエ)
──芸術社会学入門──

　あなたは休日をどのように過ごしていますか．カオリさんのように，美術館や博物館めぐりを楽しむ人もいるでしょうし，「美術館なんてとんでもない．休日ともなれば，やっぱり体を動かさなくちゃ！」とスポーツに汗を流す人もいることでしょう．

　休日，すなわち自由な時間に何をするのか，どのように時間を使うのかは，まったくもって個人の私的な領域の（プライベートな）問題だと考えている人が多いことと思います．しかし，皆さんも「趣味は何ですか」とか，「今度のお休み，どういうふうに過ごしますか」などと聞かれたときに，どのように答えるかを考えてみて下さい．

　友だちに聞かれたとき，先生に聞かれたとき，就職活動の面接担当者に聞かれたとき，職場の上司に聞かれたとき，意中の男性／女性に聞かれたとき，お見合いの席で聞かれたとき等々．いかがですか．ごろ寝をしながらビデオをみるのが休日の楽しみという人でも時と場所によっては，「趣味は映画鑑賞です」なんて答えることがあるでしょうし，日頃，マンガや雑誌しか読まないという人でも，就職活動の面接のときに「趣味は？」と聞かれたら「読書です」と答える場合もあるでしょう．このように，明確な趣味があってもなくても，どんな人にたずねられたかやその場面に応じて，答える内容や答え方を微妙に変えるということがあるのではないでしょうか．それは，自分がどのように答えるかによって，たずねている相手が自分に対して抱くイメージや印象，さらにはリアクションが異なるということを私たちが少なからず知っているからなのです．

1 ✽✽ 「趣味」：仲間探しのきっかけ？

　それでは逆に，私たちが他の人に対して「趣味は？」とたずねるのはどのような時，場面でしょうか．たとえば，高校のクラス分けあるいは大学のゼミの初日など初対面同士の出会いの場合．とくに，これから1年ないし2年，同じクラスやゼミで過ごすのだから，お互いにある程度仲良くやっていかなければならないと思っている場合を例に考えてみましょう．

　緊張の面もちで教室に入ったとき，そこにはどんな人たちが集まっているのか，自分がクラス・ゼミの中でうまくやっていけるかどうか，自分と気が合う人はいるかどうかが最大の関心事，といっても過言ではないでしょう．この1,2年が楽しく過ごせるかどうかがかかっているのですから，当然です．

　私たちは見知らぬ者同士の出会いであっても，まず，その人のファッションやヘアースタイル（現在はヘアーカラー？）[1]，話し方やしぐさなどから，だいたいこんな人ではないかとある程度の予想をたてて話のきっかけを探ろうとします．しかし，これらの情報だけでは自分がその人に対してどのような接し方をしたらよいのかを判断することはなかなか難しいものです．

　もっとその人についての情報を得たいと思うときには，「どこに住んでいるのか」とか「出身地はどこか」などといった当たり障りのない質問から始まるのがお決まりのパターン．帰る方向が一緒，電車が一緒，バスが一緒ということで「お友だち」になったという経験がある人も少なからずいるのではないでしょうか．さらに，大学生の場合，地方出身者にとっては自分と同じ出身地（地方）あるいは，そこに住んでいたことがある等という話を聞くととたんに親しみを感じ，あっという間にその人との「距離」が近くなるという経験をした

---

1) ファッションなどについては，第8章を参照して下さい．

ことがある人もいることでしょう.

そして,「どんなサークルに入っているのか?」とか,「趣味は?」「特技は?」という質問に入ることになります.それから,血液型なんていうのも聞くことがありますね.A型だとかB型だとかいわれると,「あぁ,なるほど.○○型って感じだよね」と何だか妙に納得する人も多いことと思います.

いずれにしろ,私たちは短い限られた時間の中で,その人がどんな「タイプ」の人なのかを知るために,また,自分にとって「親しくなりたい人か」「普通の人か」「距離をおいてもいい人」なのかといった「判断」の手がかりとして「趣味」を聞いているともいえるでしょう.

「趣味」がきっかけで話が弾み,少し仲が良くなって幼い頃の体験や習い事について,さらに親の職業や家族のことなどについて話をしてみると,「へぇ,似てるね」とか「同じだね」と思うようなことがあったり,ものの考え方や行動の仕方も何となく似ているという〈共通項〉が結構あったりします.他の人たちから「まるできょうだいのようだね」とか「何となく雰囲気が似てるね」といわれることもあるのではないでしょうか.このようなことからまず,趣味というのは同じようなモノ・コトを好む人のグループ分けのための基準のようなものであるといえます.さらに,「趣味」は単にその人が「好きなコト・モノ」というだけではなく,その人自身がおかれている経済的状況や生まれ育った家庭環境(これを社会学では「社会的背景」といいます)やそれまでに培われた教養,価値観,教育歴といった「文化的背景」に関連しているものであるということがわかります.

2** 趣味にも良し悪しがある?

ここで「趣味」というものが,社会学ではどのように考えられているのかみていきましょう.

フランスの社会学者であるピエール・ブルデューは,「趣味というものは,

人間も物も含めて，人がもっているすべてものの原理であり，また人が他人にとってどういう存在であるのか，そして人は何によって自らを分類し何によって分類されるのか，といったすべての原理であ」り「趣味（すなわち顕在化した選好）とは，避けることのできないひとつの差異の実際上の肯定である」（ブルデュー 1990：88）と述べています．

　このことは，趣味あるいは「好きなコト・モノ」（嗜好：goût）ということは，たくさんの文化・芸術活動やスポーツ，レジャー，ファッションなど他の多くの選択肢の中から特定のモノ・コトを選択するということを意味します．よって，趣味ないし好み（goût）というものは，相対的な文化的現象に対するある個人の全体的な態度として解釈することができるのです．また，あるモノ・コトの方が他のモノ・コトよりも好まれるということは，明白な文化的評価を超えた意味ももっています．というのは，「ルノアールが好き」なのか「ゴヤが好き」なのかといった表明された絵画の好みという「選択」は，ある場合には絵画の好みについての一般的な傾向からの逸脱を通して——具体的には精神分析など——，その人のパーソナリティ（性格）を評価するのに用いられる場合があるからです．それは，パーソナリティが個人的な絵画の好み（goût）に反映しており，また，絵画に対する選択がその人の美的な価値観や感覚的な喜びに対する個人的なニーズ（必要性）に依存しているという考えと表裏一体となっています．一方，美的な価値観は個々人の文化的な背景や絵画の鑑賞の機会，技術的訓練，さらに，絵画の一般的な魅力——社会における位置づけ・評価——などにも関連しており，単に個人に特有の問題では終わらず，集団や社会のいろいろな影響という側面もあるのです．

　また，長い間，芸術は超自然的な出来事とする見方があったため，芸術的な現象を，とりわけ芸術と好み（goût）との関係を科学的な方法で研究することは困難であると考えられてきました．芸術は聖なるもの，神からの贈り物であると信じており，芸術を理解するためには，神の啓示を願わなければならないと考える人がいる一方で，他の人たちは，芸術は個人的な経験であって，分析

には開かれていないものと考えていました．個人が芸術的な好み（goût）をもつ理由は，芸術の（ここでは美術の）さまざまな特徴，たとえばジャンル（印象派，シュールレアリスムなど）や色調，タッチ等の様式，作者，さらには社会的な評価（圧力）といったものを含んでいますし，集団（たとえば，若者集団と高齢者集団，女性集団と男性集団など）の属性的な特徴によって，好み（goût）に一定の傾向がみられることもあります．このことから，芸術に対する好み（goût）が単なる個人の選択の問題ではないということがいえます．そして，こうした集団の傾向や集団による好み（goût）の相違は，何が〈良い〉芸術で，何が好まれるべきかということについての議論を引き起こしてきたのです．つまり，芸術そのものの構造的特性によって〈良い〉芸術として存在するという見方に対して，好まれる芸術は内在する何らかの〈良さ〉のためではなく，個人的な価値意識，さらにはその人が所属する集団に代表される価値意識や有用さによって好まれるのだ，という相対する見方です．[2]

　ブルデューは，「どのような人びとがどのような文化を消費するのだろうか？」，また「その消費はいかなる効果をともなっているのだろうか？」という疑問を出発点に，文化的実践と社会との関係について詳細な調査研究を行いました．ブルデューは，ある特定の集団や階級と消費行動や生活様式，好み（goût）や趣味，さらには文学や絵画，音楽といった文化的活動における選択性や価値（あるいは意味）の序列との関連性をさまざまなアンケートやインタビュー調査（すなわち，科学的な方法）を通して明らかにし，さらに，個人の私的領域である好み（goût）や趣味，個人の価値観，志向性，アスピレーション（熱意）といった〈文化〉および〈文化的欲求〉が，個人が所属している社会階層

2）アドルノ（1999）は，音楽を具体的な対象として社会学的な分析を試みています．その著書『音楽社会学序説』（邦訳）の中で，音楽というものを，第一義的には知的な現象であると考えていますが，音楽を理解するためには，その社会的な諸特徴を理解する必要があるということを指摘するとともに，個人的な趣味の基準が〈偉大なる〉音楽からそれを偉大にしているもの（すなわち，音楽構造の重要性等）を剝奪してしまうことがあることも論じています．

と密接な関連性をもつということを論証したのです．

　ブルデューは〈文化〉への好み（goût）を「美的性向」と「必要性への距離」という分析視点を用いて，文化的活動を「正統的趣味」「中間的趣味」「大衆的趣味」の大きく3つに区分しています（ブルデュー1990：26-27）（表1参照）．ブルデューは，「正統的趣味」は，「必要性からの距離」が大きいという特徴をもつと述べています．それは，実際に自分が実践するにしろ鑑賞するにしろ，それを理解するためにはその内容だけではなく理解の仕方（マナー）を習得することも必要条件となっているように「形式性」が高い．さらに，日常生活を営むうえで，その文化的活動がとくに「差し迫った必要」とされるわけではない．すなわち，文化的活動（芸術）と生活を切り離したものとして捉える，芸術を

表1　文化の階層性

	美的性向	必要性への距離	芸術作品・趣味のジャンル（例）	学歴水準と社会階級との関連性
正統的趣味	純粋な好み 形式性（難解さ），普遍性，対象からの距離，無償性等を重視．	大 現実に役に立たない活動への傾向と欲求．実際的目的をカッコに入れる能力．	音楽：平均律クラヴィーア曲集，フーガ技法 絵画：ゴヤ，ブリューゲル，ブラック	学歴水準が高くなるほど増大 上流（支配）階級内の「知識人」
中間的趣味	中間的好み メジャーな芸術のマイナーな作品，マイナーな芸術のメジャーな作品の選択	中 無条件な文化的柔順さ．正統性への幻想．取り違え，誤れる承認．	音楽：ラプソディー・イン・ブルー，ハンガリー狂詩曲 絵画：ユトリロ，ビュッフェ，ゴッホ，ダ・ヴィンチ，モネ	中間階級（職人・小商人，事務職，一般技術者，小学校教員，新興プチブル）
大衆的趣味	大衆的好み 内容・機能を評価，対象への没入，日常生活との連続性を肯定．	小 直接的な満足を好む．無邪気な一体感．滑稽芸，祭や無礼講，ばか騒ぎへの嗜好．	音楽：「軽音楽」，美しき青きドナウ，アルルの女 絵画：ルノアール	庶民階級 学歴資本とは反比例関係

芸術として理解し，それを楽しむことができる能力を基盤にしていると論じています．

「正統的趣味」を愛好する傾向が強い上流階級の人にとっては，文化的活動や経験，それに関連したさまざまなモノや芸術作品は，日常生活に直接役立つ必要はなく，むしろ，純粋に生活を楽しむためのものでなければならないのです．ゆえに，クラシック音楽や美術鑑賞などは，その作品によってある感情を喚起されるという機能よりも形式が，主題よりは技法が重視されます．それは，作品を理解するためには難解なコードや背景的知識の修得という一定の文化的能力を必要とする，すなわち，容易に理解することを拒む領域であることから，「正統的趣味」に分類されることになるのです．

私もブルデューの理論に興味をもち，ブルデューの調査を基に独自のアンケート調査を実施してみました．26の文化的活動をあげ，それぞれの活動が「高尚（上品）であるか否か」を5段階で評価してもらったところ，「正統的文化志向」の強い活動として「茶道・華道をたしなむ」「クラシックのコンサートに行く」「美術館や美術の展覧会に行く」「書をたしなむ」などの項目が，「大衆娯楽文化志向」の強い活動として「競馬に行く」「映画をみに行く」「カラオケで歌う」「囲碁，将棋をする」などの項目があげられ，文化的活動にも「序列」があることが明らかになりました．

このことから洋の東西を問わず，「美術館や美術の展覧会に行く」ことは，文化的活動の中でも正統的なものとして位置づけられることがわかりますが，次の節では，「美術館」や「美術館に行くこと」がどのような社会学的意味をもっているのかみていくことにしましょう．

3 ** 美術館はどんな所か？

まず，私の中学生の長男が，「美術」で美術館に行ってその感想をレポートにまとめるという課題が出されたので，家族で美術館に出かけた時のお話から

第 10 章 「美しさ」を感じる技法

始めましょう．

　ある有名なバロック絵画の展覧会でのこと．場所はこれまた有名な東京都庭園美術館．東京都庭園美術館に行くのは初めてで，最寄りの駅に降り立ちやおら地図を眺めていましたが，それよりも「美術館に向かう人の波に乗って行こう」ということになり，それと思わしき人たちの後について歩くこと 7，8 分．無事到着．チケット売場はすでに行列．「この分じゃ，会場の中もきっと混み合っているんだろうな？」と不安に思っていたらやはり予想は的中（私は混雑した所が大の苦手なのです）．会場は昭和初期の建造物でそれ自体，非常に趣のあるものではありましたが，展示されている作品のサイズとはミスマッチ．その狭さがなお一層混雑感を醸し出していましたし，どの作品の前にも観衆が鈴なり状態で，適当に距離をとってじっくりと作品を鑑賞するなどということからはほど遠い状況でした．まるで，デパートのバーゲン会場のよう．さらに 4 歳の娘の手を引いて会場に入るや監視係がそばに寄ってきて「(娘が) 作品に触らないように気をつけて下さい」とのたまう有様．不愉快に感じながらも，仕方なく夫と交代で，娘を抱っこしながら会場を回ることになりました．娘が「これなぁに？」と大きな声で問いかける度に，うるさいとばかり咳払いをしたり，一瞥する男性．そのたびに「ここでは小さな声でお話ししようね」とか「静かに絵をみようね」と娘に言い聞かせてはみるものの効果はなし（当たり前なのですが……）．さらに，小学生の次男坊の「暗くてつまらない絵だなぁ」という言葉にきっとした表情で振り向く中年女性（実際，作品は暗い色調で，照明も光量を落としすぎていたために，何が描かれているのかよくわからないものが多かったのですが……）．その場にいることに居たたまれず足早に作品を一覧し（しかし，当日はそれさえもままならない状態でしたが），課題のために熱心に見入っている長男を残してそそくさと会場を後にしました．

上述のエピソードから，どのような人たちが美術館を訪れるのか，美術館とはどのような所なのか考えてみましょう。あなたがもし「なぜ，美術館に行くのですか」あるいは，「美術館に何をしに行くのですか」と問われたら，ほとんどの人は「絵や彫刻を観るため」と答えるでしょう。絵を観たいと思えば誰でも，どんな人でも美術館に行って構わないと思っているのではないでしょうか。そのとおりです。美術館の多くは公共の施設ですので当然，誰が，どんな時に行ってもよいのです。しかし，実際に美術館に行ってみると見知らぬ人たちの集まりにもかかわらず，何だか似たような雰囲気をもっている人が多いような感じがします。

　ブルデューもこのことに「何故？」という疑問を抱き，美術館の訪問者へのアンケート調査やインタビュー調査を通して，美術館訪問者が階層や教養によって分断されていることを共著書『美術愛好―ヨーロッパの美術館と観衆』(1966) の中で論じています。日本でもブルデューたちの調査に基づいた調査が実施されていますが，そこでも，「短大・高専・四年制大学」(卒・在学) という高学歴者が美術館訪問者の6割を占めるという結果がでています。[4] 私が東京都庭園美術館への道案内にしたのは，まさにこのような感じの人たち，具体的には学生風の若者やデートと思わしきカップル，ファッショナブルな女性や品の良さそうな老夫婦といった人たちだったのです。高学歴だから美術館に行くというわけではありませんが，美術館訪問には学歴が影響しているということはいえるでしょう。さらに，美術館訪問の実践を促す他の要因としてブルデューたちは，家庭教育環境に注目し，「最初の美術館訪問の年齢」やそのときに誰と行ったのかという「最初の訪問のタイプ」についてたずねています。その結果，教育水準が高いほど，「初めての美術館訪問は幼少期に家族と一緒に」

---

3) 階層については，第5章を参照して下さい。
4) 『美術愛好』の翻訳を手がけた山下雅之氏は，ブルデューの調査を基に滋賀県立美術館をはじめとする6ヶ所の美術館調査を行っています。結果については山下雅之「美術館との対話　5 社会学」(並木・吉中・米山編『現代美術館学』昭和堂　1998) の中で一部紹介されています。

と回答する比率が高いことから，文化に関連した趣味や好み（goût）が，自然的な感情や欲求，さらに才能などの個人的な属性によるものではなく，実は教育の産物であり，社会化の過程で獲得した行動様式の差によるものであるという視点を導き出しています．

　それでは，改めて美術館とはどのような場所なのでしょうか．あなたは美術館といわれてどのようなイメージを思い浮かべるでしょうか．「絵を静かに鑑賞するところ」「芸術作品がたくさんあるところ」「落ち着いたところ」「楽しいところ」「古いところ」などいろいろなイメージをもっていることでしょう．

　ヨーロッパの中世以来の古い都市には，美術品のコレクションをもつ教会，宮殿，邸宅があり，これらはその儀礼的あるいは装飾的役割を保ちつつも，実際に私たちが「美術館」として訪れる場所も少なくありません．このようなことからも，美術館や博物館には財宝の保管庫と神殿という2つの起源，性質があるとされていることもうなずけるのではないでしょうか．また，19世紀以降，美術館や博物館は「礼拝的な場所」としての機能が強調されるようになってきます．1829年頃から，王侯貴族の私的なコレクションから公共的な美術館への移行が行われたといわれていますが，その際に，建物の前面には列柱廊

写真1

ブリティッシュ・ミュージアム

写真2

ナショナル・ギャラリー

や古代神殿建築のファサードが取り入れられたりしたことから，より一層宗教的な雰囲気が醸し出されています．写真のロンドンのブリティッシュ・ミュージアムやナショナル・ギャラリーはまさにこの好例といえるでしょう．

　ゼードルマイヤーは，「芸術こそ最高の価値とみなすこの信仰は，代用宗教の特徴をすべて備えている．その信仰によって，美術館，展覧会，劇場，オペラハウスなどが建てられるけれども，それらはいわば美的教会，独自の礼拝所，独自の巡礼地，芸術独自の祭典，フェスティバルとみなされる．そしてその礼拝の中心は，神や神々ではなく，芸術そのものなのである」と述べ，美術館や博物館を教会や礼拝所になぞらえていることから，現在でも美術館が「美の殿堂」と称されることもうなずけるのではないでしょうか．

　また，表2はブルデューが中心となって実施した美術館観衆に対する調査の中で，美術館という概念が社会のそれぞれの階層にどのような意味をもっているのかを示したものですが，階層によって多少差がみられるものの，一般的に美術館から連想されるものとして「教会」をイメージする人が多いことが明らかにされています．

表2　階級別美術館のイメージ

(単位：%)

	庶民階級	中流階級	上流階級
教会	66	45	30.5
図書館	9	34	28
講義室	—	4	4.5
デパートや公共建物の入口ホール	—	7	2
教会と図書館	9	2	4.5
教会と講義室	4	2	—
図書館と講義室	—	—	2
どれでもない	4	2	19.5
回答なし	8	4	9

出所）ブルデュー・ダルベル・シュナッペー『美術愛好』木鐸社　1994（原著1969）年　223ページをもとに筆者作成

さらに，ブルデューは美術館を「(とくに美術館での展示によって) 芸術的なものとして社会的に指定されている作品を，(彼らが美術館に入場することで証明されているように) 芸術的なものとして認知し把握しようとする傾向をもつように (社会化の作業によって—その社会的条件と論理もまた分析しなければならないが—) 形成されてきたすべての人びと (美術館を訪れる哲学者など) に (そしてそれらの人びとだけに)，芸術作品を芸術作品として認知することを押しつけることができる」(ブルデュー 1996：168) 場であると述べています．このことから，美術館に入場すべき人は美術館に展示されている作品を芸術作品であると認識して (思い込んで) 作品を恭しく〈拝謁〉することができる人であり，この節の冒頭のエピソードのように，展示されている作品に対して疑問を抱いたり，否定的な発言をすること，すなわち芸術作品であるという認識を示さない人 (とくに小学生以下の子どもなど) は，美術館訪問者としてはふさわしくない者とみなされることになるのです．

4** 私たちは美術館で何を観ているのか？

私たちは美術館や展覧会場に「展示されているモノ」ならば，たとえそれがさびた釘であろうと布切れ端であろうと，金属や石の固まりであろうと，普段ならば (すなわち，展覧会場ではない所であれば) 見向きもしないモノに対しても，それを芸術作品として認知し，一生懸命に制作者の意図を「理解」しようとする，その場にふさわしい態度をとるものです．このことは，私たちには美術館にあるモノはイコール「芸術作品」という暗黙の了解，あるいは共通の意識をもっていることに気づかせてくれます．

それではどのようなモノが芸術作品なのでしょうか．現在，私たちが美術館で鑑賞する作品のほとんどは，そこで展示されるために制作されたものではなく，純粋に美的鑑賞の対象として創られたものではないものがたくさんあります．あるものは信仰の対象として，またあるものは権力や富を象徴・誇示する

ためのものとして，さらにあるものは何らかの記念，記録として創られ，その機能を果たしてきました．しかし，美術館に展示されるということは，絵画や彫刻がもともとあった場所や建築や装飾といった固有の時間と空間から切り離されるということ，すなわち，かつての所有者によって与えられていた本来の意味や機能を失って，「美術品」「芸術作品」という新たな意味や機能を与えられることになるのです．

　私たちが美術館で観ている作品たちは，実は，私たちにとっては元来，とくに意味のあるモノでも価値のあるモノでもないということです．しかし，私たちは美術館にあるモノを価値のある大切なものと考え，逆に美術館にないものを価値のある作品と認めることはなかなかできないのです．それらは，国家やその時代の政治体制と密接に結びついた社会文化的に「芸術と認定された」ものたちなのです．それゆえ，「芸術作品」さらに「美術館」は，人びとに「何が美しいと感じるべきなのか」といった美的な感覚を道徳的に導き（方向づけ），教育し，向上させる機能を果たすことになります．そして逆に，こうしたものの見方や美術館という「制度」において初めて制作物は「芸術作品」となることができるのです．

　私が好んでみるテレビ番組に美術品や骨董品を鑑定する『開運⁉　なんでも鑑定団』（テレビ東京）というものがありますが，誰々が作った茶碗とか掛け軸とか，それまで価値があると思って大切にしていたモノでも，一度，二束三文の大した鑑定額しかつかないとか，贋作であると判定されると一気に色あせ，ただの茶碗，ただの掛け軸になり価値あるモノではなくなってしまいます．逆に，大したモノではないと思いその辺に捨て置いていたモノでも，鑑定人によって「本物である」と認定されたり，高い鑑定額がつくと，「今日から大切に取り扱います」「家宝にします」などということになるのです．これは，美しいもの，価値のあるものとはどのようなものかということを考えるうえでの好例といえます．

　私たちは芸術作品の前に立てば自然に，その作品に「美しさ」を感じる，そ

の感動が胸の内からわき上がってくると考えがちですが,「美しいもの（正確には美しいといわれているもの）」を「美しい」と感じること,「善きもの」を「善い」,「価値あるもの」を「価値がある・大切である」と思うことは実はとても難しいことなのです．このようなことから,「美術館に行くということ」は,その社会や文化の中で何が美しいモノとされてきたのか，そして，現在何が美しいモノとされているのかを「学ぶ」あるいは「感じる」レッスンのひとつであるといえるでしょう．

（大屋幸恵）

参考文献
アドルノ, T. W.『音楽社会学序説』平凡社ライブラリー　1999（原著1976）年
ゼードルマイヤー, H.『光の死』鹿島出版会　1976年
並木誠士・吉中充代・米山優編『現代美術館学』昭和堂　1998年
ブルデュー, P.『ディスタンクシオンⅠ, Ⅱ』藤原書店　1990（原著1979）年
ブルデュー, P.『芸術の規則Ⅰ, Ⅱ』藤原書店　1996（原著1992）年
ブルデュー, P., ダルベル, A., シュナッペー, D.『美術愛好——ヨーロッパの美術館と観衆』木鐸社　1994（原著1969）年

第11章
東京ぶらぶらフィールドワーク
──都市社会学入門──

　散歩が大好きなカオリさんは，手帳のかたすみに「街のヒミツ・メモ」をつけています．テレビの番組制作という職業がら，おもしろそうなものを見つけると，ついメモってしまうみたいですね．メモには，「渋谷のヒミツ：地下の水脈」「代官山のヒミツ：空中庭園」「またまた代官山のヒミツ：お菓子の森」などと書いてありますよ．いったい，どんな「街のヒミツ」を見つけたのでしょうか？

1 ** 渋谷のヒミツ：地下の水脈

　200X年，4月のある晴れた日曜の朝，新宿行きの小田急線に乗って，のんびりした気分で外を眺めていると，代々木八幡駅を過ぎて，線路わきに紅白幕がはられているのが目に入りました．いつもと違う．クンクン，ヒミツのにおいがするぞ．

　紅白幕が張られているのは，渋谷区代々木5丁目の線路わきです．目の前には代々木公園のやわらかな春の緑が広がっています．人であふれかえる「シブヤ」の繁華街と異なって，渋谷区には，こんな自然豊かな環境もあるんですね．

　線路わきのちいさな公園には，大勢の人が集まり，テントがいくつも張られています．テントには「代々木5丁目町会」と書かれています．小学生たちのかわいい歌声が響きはじめました．「春の小川は，さらさら行くよ．岸のすみれや，れんげの花に．すがたやさしく，色うつくしく．咲けよ咲けよと，ささやきながら．」

第11章　東京ぶらぶらフィールドワーク　175

　遠慮なくビュンビュンと通り過ぎる電車から紅白幕1枚で隔てられて，こちら側に建っているのは「春の小川・歌碑」です（写真1）。歌碑のわきにある説明文を読んでみましょう．

　　ここにはかつて清らかな小川が流れ，黄色のかわいらしい「こうほね」が咲いていたので，河骨川と呼ばれていました．春になると，岸辺にはれんげやすみれが咲く，のどかなところでした．
　　明治42年（1909）から代々木山谷（現代々木3丁目3号）に住んでいた国文学者の高野辰之氏は，このあたりの風景を愛して，しばしばこのほとりを散策したといわれています．そして，今も歌い続けられている『春の小川』を作詩して，大正元年（1912）に発表しました．この詩は，小学唱歌となり，現在に至るまで広く愛唱されています．
　　現在，河骨川は暗渠となり，もはや当時のおもかげはありませんが，この詩から明治末ごろの付近の様子を知ることができます．（後略）
　　　　　　　　　　　　　　　　　　　　　　　　　　渋谷区教育委員会

　いまは渋谷区のド真ん中のここが，童謡「春の小川」作詩の舞台だったのです．それを記念して，「春の小川・合唱祭」が開かれていたのです（写真2）．作詩者の高野辰之は，幼い娘を連れて，河骨川のあたりをよく散歩したそうです．90年ほど前の風景ということになります．河骨川は今は見ることができません．1964年の東京オリンピック開催の頃，選手村が設けられたこの辺一

写真1

写真2

帯の風景も変わり，川は暗渠化され，地上から水のおもかげは消えたのです．

でも，この日曜の朝，「春の小川・合唱祭」に集い，共に歌声を響かせあった人びとの心には，水が豊かに流れ，れんげやすみれの花が揺れる光景が映っていたのではないでしょうか．水はみえなくても，歌が流れとなって，人びとの心をめぐっていたと言えるかもしれません．

この場に集まっているのは，どのような人たちでしょうか．作詩者，作曲者の子孫があいさつをしています．代々木5丁目町会の女性の町会長さんが，大勢の町会の人の協力を得て，このイベントが成立していることを説明しています．歌った小学生は地元の3つの小学校から集まったものでした．保護者はビデオとカメラで大忙しです．渋谷区役所の担当者も来ています．集まった人たちの顔ぶれを見ると，地元の人に支えられて成立している，地元的性格の強いイベントであるといえます．「シブヤ」の繁華街に集まっている人びとが非地元的であるのとは，対照的な構成です．

「春の小川」の舞台の地で，地元の人たちが「春の小川」を心をこめて大合唱している光景は，ほのぼのとして，ステキでした．この光景は，歌っている小学生たちの心に刻みつけられるかもしれません．水はみえなくなっても，この土地の過去の風景をいつくしみ，心をあわせて歌う気持ちの持ち主が，こんなにも多く住んでいる，これが自分たちのまちなのだ，と．

共通の体験が，地下の水脈となって，自分たちが住む地域に対する愛着を育てるということがあります．あるモノをきっかけに，共通の記憶がよみがえり，自分と地域社会の絆を自覚することがあります．あるメディア（媒体）に媒介されて，集合的な記憶が形成され，地域社会のアイデンティティの確認につながる，という言い方をすることもできます．

「春の小川」の歌は，この場においては，そのようなメディア（媒体）のひとつとして，機能を果たしていたのかもしれません．自然環境にまつわることは，人の素直な肯定的な感情を誘い出しやすい一面があります．自然環境が，地域における人びとのくらしや，社会関係に対してもっている深い意味を，このよ

うな点から探っていくこともできます．

　地域で行われているイベントの場にたまたま行き会うことがあるでしょう．その場に参加しているのがどのような人びとか，どのようなものがメディア（媒体）として機能を果たしているか，などに着目してみましょう．そこで行われているイベントは，社会的にどのような意味を担った場になっているのでしょうか．地域社会のさらなるヒミツやおタカラをもっと掘りあてることができるかもしれません．

　地上からは消えてしまった「春の小川」ですが，その地下の水脈をたどってみましょう（図1）．「河骨川」は，現在の代々木公園のわきを流れ，土地の傾斜にしたがって，「宇田川」にそそいでいました．「シブヤ」の東急ハンズやパルコのあるあたりが宇田川町です．「シブヤ」の街には坂が多いことが思い出されるでしょう．現在，道路となっているところも，かつては川が流れていたのです．「シブヤ」は，水のながれるまち，谷間のまちだったのです．谷間の

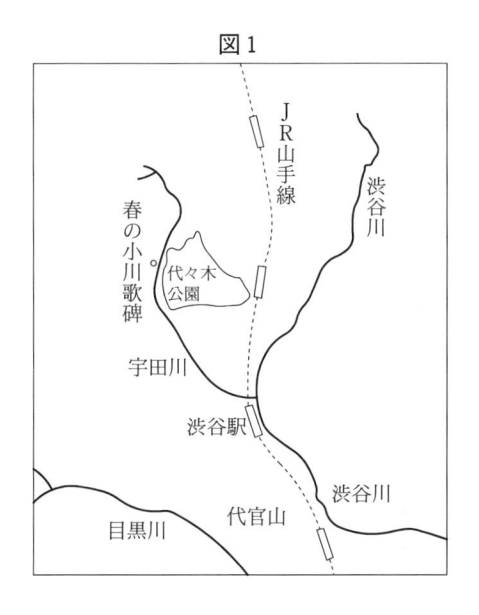

図1

まちの痕跡が，渋「谷」の「谷」の字に残っています．いまも私たちは谷間の坂をのぼりおりします．地下水脈の上を歩いています．どのような地勢的特徴をもった舞台の上で，私たちの社会生活が営まれているのでしょうか．

「宇田川」はさらに「渋谷川」に流れこんでいます．地下を流れる渋谷川の地表部分が細長い公園になっているところがあります．近年増えているまちの落書きを消すために，公園を拠点に消去活動に取り組むボランティアたちの姿を見かけることがあります（写真3）．水のまち渋谷が，落書きのまちに変貌してほしくはありませんね．

渋谷川はいまも地上から消えていません．渋谷駅近くで，渋谷川が顔を出しています（写真4）．「春の小川」から「渋谷川」へと，約90年の時間の流れをくだり，水の流れにそって土地をくだってみました．地勢的な特徴をたどりながら，長い時間のなかで，私たちが営んでいる社会生活の変化してしまった部分，変化していない部分を掘りおこしていく，そんな「街のヒミツのみつけかた」もあります．

写真3

写真4

2 ** 代官山のヒミツ：空中庭園

　渋谷区を上空から眺めてみましょう．渋谷川が山の手線にそって流れているのが見えます．一方，渋谷区と目黒区の境界に近い部分を目黒川が流れています．渋谷川と目黒川が地表を削っていますが，その間は丘陵地で，ベルト状に小高い丘が続いています．この馬の背のように続く高台，これが渋谷区の代官山です．代官山からみると，渋谷川にむかっては，ゆるやかな勾配で土地が傾斜していきます．高低差が少ないなだらかな土地なので，都心に近い良好な住宅地としての歴史を歩んできました．

　逆に代官山から目黒川にむかうと，必ず急な段差をくだることになります．高低差が20メートルあるところもあります．急傾斜の段差が，川と平行に帯状に続きます．目黒川から見上げると，まさに代官「山」なのです．段差が大きく，住宅地に適さないところには，かえって樹木がのこる場合があります．急傾斜が逆に生きて，小川が勢いよく流れ，子どもたちのかっこうの遊び場になっています（写真5）．地勢的な特徴が，緑のいこいの空間，遊び場の空間な

写真5

ど，社会的空間を生み出すことにつながっています．代官「山」から目黒川方面をのぞむと，目をさえぎるもののない広い空のむこうに，富士山が見える日があります．この馬の背のように続く高台「代官山」では，どんな社会生活が繰り広げられているのでしょうか．どんな「街のヒミツ」を見つけることができるのでしょう．

　代官山駅前に 2000 年，「代官山アドレス」が出現しました．それ以来，代官山はますます注目を集めるようになりました．代官山アドレスは，住宅施設，商業施設などが入った大型複合施設です（写真 6）．もともとここには同潤会代官山アパートメントが建っていましたが，市街地再開発事業によって，代官山アドレスに建て替えられたのです．住宅を建て替えるだけではなく，周辺の市街地も一緒に再開発されたため，ブティックやレストランなど新たな商業施設も出現しました．それが代官山にもとからあった商業施設にも影響を与え，相乗効果が起きて，多くの買い物客を外からよびこむことにつながっているのです．
　いまは消えてしまいましたが，同潤会代官山アパートメントは 1927（昭和

写真 6

2）年に完成し，当時では最先端の住宅でした．近代建築の粋を集めたコンクリート造りの集合住宅だったのです．同潤会は，関東大震災の被災者に復興住宅を供給することを目的として設立された財団法人です．大正末から昭和初期にかけて，東京と横浜で15の住宅団地を建設しました．その中でも，代官山アパートメントは，都心に近く，良好で日当たりのよい丘陵地を存分に活用して，337戸もの住戸を展開させた，同潤会イチオシの自信作のひとつであったといえます．建築デザイン的にも，ヨーロッパのモダニズムの影響をうけていました．敷地内の住戸の配置や街路の建設においても，室内空間の装飾においても，意匠をこらしたデザインや，様々な工夫がほどこされていました．コンクリート造りの集合住宅などほとんどなかった当時，「アパートメント」という横文字のひびきをもった集合住宅に居住することは，最先端のオシャレなライフスタイルであったのです．

　70年近く経過して，建物の老朽化が進んだため，建て替えられることになりました．建て替え事業，再開発事業がうまく進展するのは，そう簡単なことではありません．再開発組合が作られましたが，その核になったのは，代官山アパートメント内で長年にわたって組織されていた「親隣会」でした．この自治会組織は，月会費も集めており，リサイクル活動や，成長した樹木の剪定作業もボランティアで行っていました．居住者組織としては，充分に機能していたといえます．このような前提条件があることが，再開発が実現するための重要な要素です．

　室内の細部にわたるインテリア・デザインのおもしろさや美しさ，長年にわたって積み重ねられてきた生活文化の厚みが消えることについては惜しまれつつ，昭和初期のモダニズム建築は姿を消しました．

　どんな建物だったのだろう，どんな生活が繰り広げられていたのだろう．なんとなく懐かしい気分になるなあ，ひとめ見たかったなあ．そんな方には，代官山にある東光園アパートにご案内いたします．

東光園アパートは，1928（昭和3）年に建てられたものです．同潤会代官山アパートメントに1年おくれて完成したということになります．すでに70年以上を経ていますが，当時の建物が現存し，屋根，窓，ドアなどのあちこちに，意匠をこらした個性的なデザインをみることができます（写真7・8・9）．昭和初期の集合住宅で，オシャレなライフスタイルを志向した人たちの生活がうかびあがってくるようです．

　東光園という名の植木屋さんが，施工主であったことが，名前の由来です．1号館から3号館までの3棟の建物に，現在77世帯が住んでいます．長い年月の間に，様々な樹木や草花が増えてきたらしく，重層的な緑の空間がかたちづくられています．個性的な建物とマッチして，生活文化の厚みを感じさせます．現代的な代官山のストリートとは対照的な空間であることが印象的です．

　このヒミツの花園で，ネコとたわむれている女性は，84歳のAさんです．

写真7

写真8

写真9

第11章　東京ぶらぶらフィールドワーク

東光園アパートに40年近く住んでおり，もっとも古い居住者のひとりです．Aさんは台湾で生まれ，女学校卒業後，上海でタイピストとして働きました．終戦で日本に帰国後，官庁に勤め，1960年代に約80万円で東光園アパートの住戸を購入しました．現在，東光園アパートに住んでいるのは，Aさんのような住戸所有者と，転居した所有者から賃貸契約で部屋を借りている若い人たちです．住戸所有者の多くは高齢者となっています．

Aさんは，代官山に住む知り合いと，毎週代官山でゲートボールをするのが楽しみです．活動的なAさんですが，アパート内も，ヒミツの花園も段差が多いので，ころばないように気をつけています．[1] 東光園アパートでは，自治会は組織されていません．自治会費を集める母体がないことになります．建物が老朽化して，直してほしいところはたくさんありますが，修繕に対応する組織がなく，そのための費用も積み立てられていないのが現状です．転売が繰り返されている住戸も多く，ここに住んでない人も含めてすべての住戸所有者を正確に把握している名簿もありません．

ヒミツの花園には，高齢者がゆっくりと緑の空間でなごむことができるようにとの配慮でしょう，木製の手すりが作られています．修繕費も積み立てられていないのに，これはいったいどのようにしてできたものでしょうか．

この手すりは，居住者のひとりであるTさんの手作りなのです．緑の空間になじむようにと，緑の人口芝でカバーされています（写真10）．Tさんのやさしく，細かな心づかいが感じられます．時間の流れをほうふつとさせる東光園アパートのステキな外観は，テレビドラマのかっこうの舞台です．松嶋菜々子主演のトレンディードラマ「やまとなでしこ」でも，撮影場所のひとつとして使われました．居住者に支払われた撮影協力費を活用して，Tさんは材料を購入し，お手製の手すりを作ったのです．

1）ころばない街づくりについては，第4章を参照して下さい．

71歳になるTさんは，群馬県で生まれ，建具屋に奉公したのち，都内の工務店に勤めるようになりました．持ち前の器用な手先を生かして，東光園アパートのくらしがココロなごむものになるように，様々な工夫をこらしています．

　そのひとつに，Tさんの空中庭園があります．屋上のわずかなスペースに，色とりどりの季節の花を育てています（写真11）．かつては，この屋上から富士山をながめることができました．高台にあって見晴らしのいい代官山ならではの，眺望の楽しみがこの屋上にもあったのです．いまは目の前にビルが林立し，眺望もかなわないものとなりました．

　昭和初期のモダニズム建築の屋上で，ひそかに，たしかに，根を張っているTさんのヒミツの空中はなぞの．代官山で生きてきた人の，確固とした足どりが，小さな花々となって咲いているように思えます．建物はたしかに老朽化しており，修繕が必要な部分は少なくありません．この東光園アパートでは，本格的に修繕に取り組むすべが不足しているのも事実です．再開発が実現した代官山アドレスと比較すると，いろいろと考えてしまいます．

　でも，Tさんの「心」が咲いている空中庭園，やさしい気持ちがあらわれている緑のカバーのお手製の手すりを見ていると，限られた状況のなかでなされ

写真10

写真11

る，ひとつひとつの小さな試みによって，日々の生活が織りあげられていることが感じられます．足もとに咲いている，小さな「生活の花」の視点から，社会というもののなりたちを考えていく，そのことの大切さを，Ｔさんの空中庭園は教えてくれているように思うのです．

　代官山アドレスが登場し，代官山にはますます多くの人が訪れるようになりました．大型複合施設ができて，周辺地域がどのように変わったかというハードな側面から，代官山のヒミツをみつけていく方法もあります．これは，私たちが活動している都市という舞台が持つ機能を，マクロな視点から探っていく手法であるといえるでしょう．一方，Ｔさんが咲かせている小さな「生活の花」の視点から，社会がどのようにつくりあげられているのかをとらえていく方法もあります．これは，個人が生きている時間・空間の細部にめくばりするという点で，ミクロな視点から社会を探っていく手法です．代官山にも，いろとりどりの小さな「生活の花」がしっかり根づき，咲いていることを，Ｔさんのステキな空中庭園は示していると思うのです．

　（付記：本書の原稿を書き上げた後，Ａさん・Ｔさんが住んでおられた東光園アパート２号館は，火災により半焼し，住むことが不可能な状況となりました（2002年12月14日出火）．被災された方々に心より御見舞申し上げます．死者・重傷者は出なかったものの，Ｔさんの空中庭園は焼失しました．Ａさん・Ｔさんが積み重ねてきた生活の重みを思い，この原稿を書き直すことは致しませんでした．）

3 ** またまた代官山のヒミツ：お菓子の森

　馬の背のようにのびている高台「代官山」で，馬の背骨にあたるところを通っている道路が「旧山手通り」です．この通りの両側の建物は，高さを低くおさえてあるため，広々とした空間が確保されています．馬の背をのぼりながら，近づいてくる青空が，建物にさえぎられることなく，そのまま広がっているような感覚をおぼえます．眺望にめぐまれた代官山の地勢的な特徴と，建物がうまく調和がとれているのです．

このような開放的な感じが、人びとの気持ちを誘うのでしょう。旧山手通りをオシャレな老若男女がゆっくり行き来しています。緑の樹木を建築に生かしたカフェで（写真12）、ひと休みしているうちに、目の前をウエディングドレスとタキシード姿が歩いて通り過ぎていきました。近くの教会で結婚式を終えたカップルが、そのまま歩いて披露宴会場のレストランに移動していったのです。非日常のハレの雰囲気を、都会では得難くなった広々とした空間の中で、味わうことができること、これが代官山ストリートの魅力のひとつです。

でも、都会の商業地では、建物の高さを低くおさえることは、ビルのオーナーの収益確保の点では、効率はよくありません。高層ビルを建て、多くのテナントを確保したほうが利益はあがります。この点で、代官山はどんなヒミツをかくし持っているのでしょうか。

それは、地形の活用です。馬の背骨から目黒川側は急傾斜になっています。ここを利用して、建物の階層を下にのばすのです。高層ビルを建て、空や視界をさえぎるのではなく、建物を下にのばして、階層を確保すると同時に、広々とした上空も確保するのです。下にのびた階には、パティオ（中庭）が設けられ、カフェやレストランとなっています（写真13）。通りを散策していると、パ

写真 12　　**写真 13**　　**写真 14**

第11章　東京ぶらぶらフィールドワーク　187

ティオで行われている披露宴が目にとびこんできます（写真14）。歩いている人のちょうど目線の位置で，非日常の出来事が繰り広げられているのです。将来の自分の披露宴を思ってのことでしょう，このような光景は代官山を訪れる若い人の関心をひき，多くの人が足をとめて見入っています。

　以前なら，結婚式や披露宴は，ドアの向こうで，旧知の人びとを招いてとりおこなわれるプライベートな儀式であったことでしょう。代官山では，プライベートな出来事が公開され，人びとの関心を誘いこむ装置として機能している状況をみることができます。パティオのような開放的な空間的装置に媒介されて，プライベートな出来事もこれまでとは異なる機能を担っている，という言い方もできます。

　見る者と演じる者の境界があいまいになり，日常と非日常の境界，プライベートとそうではない出来事の境界もあいまいになるということのおもしろさを，ここにみることができます。買い物客として，消費者として，カフェやレストランのお客として来た自分が，いつの間にか，人の目をひきつける演者にかわっているという快感を楽しめる場所なのです。

写真15

写真16

オシャレな代官山の大通りをぶらぶら歩いていると，交差している小路のむこうに，ちょこっと置いてあるかわいい看板が目に入りました（写真15）．「おいで，おいで」をしているな，これは行って見なくっちゃ．あれっ，そのまた先にも，なんだかおもしろそうな看板があるぞ（写真16）．あれも，行って見なくっちゃ．あっ，そのまた先にも……．

代官山から渋谷川に向かっては，なだらかな勾配に住宅地がひろがっています．落ちついた住宅地の中のところどころに，「おいで，おいで」をしている

写真 17

写真 18

写真 19

看板があり，ユニークなショップがあります．1つの看板に惹きつけられて行くと，道を曲がった先に，またもやかわいい看板や壁絵を発見します（写真17・18・19）．ついついそこまで行ってしまいます．

　くいしんぼうちゃんが森に入っていくと，あっ，お菓子が落ちていた！　あっ，またあった！　こんな光景とどこか似てますね．代官山には，おいしいお菓子が次つぎ落ちているのです．適度な間隔で落ちているのは，ここが基本的に住宅地であるからでしょう．商業地であれば，ショップが軒をならべます．ここでは住宅地のなかの家を改装するので，ショップがポツンポツンとあらわれるのです．

　「あっ！　お菓子発見！」モードがとまらなくなったくいしんぼうちゃんは，次第しだいに森の奥深く迷いこみました．「お菓子の森」代官山は，次第しだいに，人を住宅地のなかにひきこむ，「ラビリンス（迷宮）のまち」なのかもしれません．森の奥には，オオカミがいるのでしょうか，魔女がオーブンを熱くして待ちかまえているのでしょうか，それとも湯ばあばが……．大丈夫です，お菓子の森の向こうには，新しくできた渋谷のマーク・シティがそびえています．ランドマーク（目印）としての機能を果たしているのです．迷っても大丈夫．ランドマークをめざせば，必ず渋谷駅にたどりつくことができます．

　足もとに視線をやれば，お菓子がおちているおもしろさ．上に目を挙げれば，ランドマークが見えている安心感．このような二重の空間構成によって，「お菓子の森」を存分に楽しむことができるのでございまーす．ミクロな空間とマクロな空間の二重構成のなかで，あなたもいつのまにか「お菓子」消費者としての存在になってゆくのだ，うんと，お菓子を食べてふとるのだぞ～，しめしめ．

　あれれー，なんだかヘンですね．「お菓子の森」にはまだまだ明かされていない「街のヒミツ」があるようですよ．

（武田尚子）

参考文献

赤池学『代官山再開発物語』太平社　2000年

岩橋謹次『代官山――ステキな街づくり進行中』繊研新聞社　2002年

大月敏雄「集合住宅における経年的住環境運営に関する研究」東京大学工学部建築学科博士論文（横浜国立大学工学部，1997年）

佐藤滋・高見澤邦郎・伊藤裕久・大月敏雄・真野洋介『同潤会のアパートメントとその時代』鹿島出版会　1998年

第12章
異文化へのまなざし
―― 文化人類学入門 ――

　社会人のカオリさんは長い休暇がとれると，海外旅行にでかけるのが大好きなようです．カオリさんにとって，「外国に行く」ということはどのような意味をもっているのでしょうか．

　カオリさんは外国に行くと，まず本屋さんに行って，さまざまな地図を買い求めます．もちろん現地の地理を知る必要もありますが，それ以上に彼女の好奇心をくすぐるのは，「世界の描かれ方」のようです．

　たとえば，南半球に行くと，私たちが普段まったく見聞きしたこともないような世界地図が並んでおり，びっくりさせられます．それは南半球に位置する南極が上辺にあり，北極を底辺にもってきた，私たちにとってはさかさまの世界地図です（図1参照）．確かに，本来，地球は文字通り球形をしており，どこを頂点に描いてもいいはずです．けれども，その「さかさまの世界地図」をみてはじめて，北半球に住んでいる私たちは，北極を頂点とした世界地図が当たり前のものと自明視していたことに気づかされます．

　つまり，こうした「世界の描かれ方」は，世界をどのようにイメージしているか，どのように認識しているか，ということと深く関わってくるのです．

　では，まず，こうした地図を手がかりに，「(異)文化と出会う旅」に出かけましょう[1]．

---

1) 異文化理解については，第3章も参照して下さい．

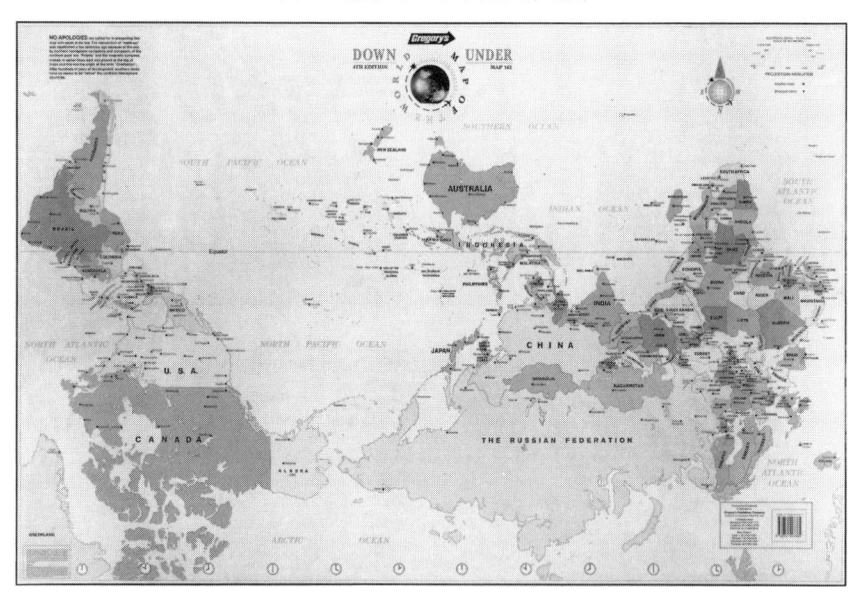

図1　南半球からみた世界地図

1 ** 地図に描かれる世界

　昔から，人は自分とは異なる人びとに対して，ある種のイメージを付与してきました．

　たとえば，古代ギリシャ人は，辺境にすむ自分たちの使っている言葉が通じない人びと，意味不明の言葉を話す人びとのことを，擬音語でバルバロイ (barbaroi) と呼んでいました．バルバロイは，「野蛮な，未開の」を意味する英語 barbarous の語源となっていることからもわかるように，蔑称として使われていました．

　中国では，文字通り常に自分の国，「中国」を中心におき（中華思想），東西南北に「東夷」「西戎」「南蛮」「北狄」というように，それぞれ「野蛮人」を配していました．「南蛮」は日本語にもなっていますね．「夷」「戎」「蛮」「狄」

といった言葉はみな，「荒ぶる，獣のような」という意味を表しています．

　また，ヨーロッパの国ぐにおいて，キリスト教世界が描いた中世の世界地図には，まだ，ヨーロッパ人が到達していない地域，異教徒が住んでいる場所に，さまざまな奇怪な生き物が描かれてきました．たとえば，「死んだ肉親の身体を食べる人」「ライオンの身体に人間の頭のついた動物」「大きな耳をマントの代わりにする人」「足で太陽の日射しをさえぎる人」「リンゴしか食べない人」「鉄を食べる鳥」「一角獣」……．

　摩訶不思議なこれらは，いったい何を意味しているのでしょうか．

　どうやら，人は常に自分を中心に考え，自分とは差異性をもった人びとや社会に対して，自分とは異なるという点だけで，不気味で劣った存在と考え，マイナスの評価をしがちなようです．

　しかし一方，ヨーロッパ世界の手によっていわゆる地理上の「発見」が進められた時代には，「高貴なる野蛮人（noble savage）」という考え方も登場しました．高貴なる野蛮人とは，ヨーロッパ社会はすでに堕落した人間の暮らす暗い管理社会であるのに対して，「未開な」社会は自然状態であり，人間は平等に幸福に暮らしている，とするフランスの啓蒙哲学者ルソーの考え方に基づいています．高貴なる野蛮人は文明に汚されぬ，自然な叡智を備えた理想像とされました．たとえば，大航海時代，キャプテン・クックが南太平洋のタヒチからイギリスに連れて帰ったオマイという男性は，上流社会でとてももてはやされ，一躍，時代の寵児となりました[2]．

　つまり，こちらの例は蔑視とは表裏の関係にある，屈折したあこがれです．

　このように，人は自分とは違う存在に対して，侮蔑であれ，あこがれであれ，特別なまなざしをもって認識してしまいます．

　では，「自分とは異なる」といった違和感はどこからくるのでしょうか．こ

---

[2] ムーアヘッド，A.『運命の衝撃――南太平洋，未開と文明の邂逅』早川書房　1967年を参照して下さい．

うした点を，次にエスノセントリズム (ethnocentrism) という言葉をキーワードに考えてみましょう．

2 ** エスノセントリズム

　皆さんはエスノセントリズムという言葉を聞いたことがあるでしょうか．
　エスノセントリズムとは一般に「自民族中心主義，自文化中心主義」と訳される英語です．そして，「自分の民族だけが優れていて，他の民族は劣っているという考え方や信念，態度」といった説明がなされます．前述したような，自分とは異なる人びとを野蛮と位置づけるようなとらえ方は，このエスノセントリズムの典型です．
　東西の冷戦構造に終止符がうたれた後，世界各地において民族や宗教，文化といった争点を前面に押し出した民族対立や民族紛争は増加の一途をたどり，ついに2001年9月には米国同時多発テロ事件が発生しました．こうしたことを背景として，原理主義といった用語と同様，エスノセントリズムという言葉もしばしばメディアに登場するようになってきました．
　しかし，エスノセントリズムというのは，政治と深く関わるような意識的な排外主義だけをさすのではありません．いいかえれば，主義主張に凝り固まった頑固で攻撃的な人間だけが，政策的に対抗し，そうした態度を示す，といった単純なものではないのです．もっと一般的な，日常的になじんできた世界とは異なるものと出会ったときの素朴な違和感や抵抗といった，より曖昧な意識や態度にその根っこがあります．普段，およそ意識しないほど，当たり前だと思っている振る舞いや暗黙のルールを共有しない他者に対するいらだちや不快

---

3) 藤原和彦『イスラム過激原理主義——なぜテロに走るのか』中公新書　2001年，宮田律『現代イスラムの潮流』集英社新書　2001年，山内昌之編『「イスラム原理主義」とは何か』岩波書店 1996年を参照して下さい．
4)「振る舞い」については，第2章を参照して下さい．

感が，エスノセントリズムの根元にあります．

したがって，そうした考えはきわめて自然でもあり，誰もが多かれ少なかれもっている意識であり，態度だといえます．けれども，だからといってエスノセントリズムを当然の感情と決めつけ，偏見を助長するものではありません．自分のエスノセントリズムを感じたとき，その感情を意識的にとらえ直し，何故，そのような反感を覚えたのか，ということを相対的に考えていくことが重要です．

人は文化の中で，社会の中で，はぐくまれ，生きていきます．誰もが，自分が慣れ親しんできた言葉をはじめとする自分の文化や社会のさまざまな決まり事から，なかなか自由にはなれません．異なる他者との出会いがあってはじめて，自分がいかに自文化にどっぷりつかって，自文化のルールに縛られていたか，ということに気づかされるのです．

人は自文化と異文化のはざまに落ちたとき，エスノセントリズムを感じます．その際に，自分とは異なる他者を頭から拒否して，自文化の日溜まりに戻るのか．それとも，その「ずれ」を意識的にとらえ直して，相対化し，理解の橋渡しを試みるのか．エスノセントリズムはまさに，異文化理解の出発点であり，分かれ道でもあるのです．

3** 文化とは何か

さて，では文化とは何でしょうか．これまた当然のように自文化，異文化という言葉を用いてきましたが，文化とはわかっているようで，実にとらえにくい概念です．

文化とは，ある社会集団が「いかに生きるか」を表す環境全体を意味します．また，文化には世代から世代へと受け継がれていく物質的なものと非物質的なもの，目にみえるものと目にみえないものがあります．社会生活を営むうえで重要なのは，いかに考え，認識し，行動をするか，という目にみえないルール

です．それは人間や超自然的な存在によって決められた仕組みであったり，習慣であったり，暗黙の約束事であったり，世界観（cosmology）であったりします[5]．

人の社会的な日常生活は，無数の暗黙の約束を相互に共有することで成り立っています．そうしたルールは，はっきりと明示されることもなく，明確に意識化されることもありません．文化人類学者エドワード・ホールはこれを「かくれた文化」と呼びました[6]．

こうした文化は生得的なものではなく，人は環境を学習することによって，その社会の一員となるのに必要な規範や価値観，世界観を習得していきます．したがって，文化は遺伝情報などのように，生まれつき与えられている属性とは異なります．日本で生まれた日本人の子どもを，誕生直後に別の社会に連れていき，そこで育てたならば（社会化したならば），生物学的属性は保ったままでしょうが，日本語を話すこともなく，日本文化に共有されるさまざまなルールも習得され得ないでしょう．

人がどのような場で，どのような服装をし，どのような言葉を使い，どのような振る舞いをするのか，それらはすべて無意識的な約束事です．人は自文化の中にいるとき，歩き方を悩まずにすむのと同じように，人との接し方や話し方を一つひとつ深く考えずに，処理していくことが可能になります．

たとえば，「着物を左前に着てはいけない」というルールがあります．これは死者に着せる装束が左前であるため，生きているときに左前に着てはいけない，という意味をもっていますが，私たちは普段，そのようなことを考えもせずにぱっと着物を着ています．別な事例をあげれば，何か会合があったときのさまざまなしきたりなどもそうです．どの程度フォーマルな服装で行くのか，

5）世界観とは，存在するもの全体をとらえるものの見方を意味し，社会がみることを期待しているものをみることを可能にする知的・感情的体系をさします．
6）ホール，E.『かくれた次元』みすず書房 1984 年を参照して下さい．

上座はどこか，誰が上座に座るのか，最初に挨拶する役割はどのような立場の人か．このような場面で，人は無数の社会的意味や文化的約束事を瞬時に判断し，文脈を読みとって，人間関係を調整しつつ社会生活を営んでいるのです．

また，同一の社会的行為をしていても，文化によって意味されるものがまったく異なる，ということもあります．

有名な事例をひとつ紹介しましょう．関本によれば，チェッ，チェッ，という舌打ちは，日本社会では残念なときにする振る舞いであり，落胆を意味しています．しかし，インドネシアのジャワ社会では，同じくチェッ，チェッ，という舌打ちが，相手に対する感心やほめたたえる気持ちを表す行為となっています．チェッ，と舌打ちをするという表現は同じでも，どのような意味をもつのかということは，文化の決まり事によってまったく恣意的に異なってくるのです（関本 1988：162-163）．

こうして，ある社会において共有されている一連の約束事の枠組みは変化を遂げつつも，それを維持していく世代のリレーによって，一定の類型をもっていきます．そして，異文化との出会いとは，ある文化のルールの枠組みとは異なる枠組みがぶつかることであり，しばしばそこに不協和音が生じることになります．

4⁎⁎ 他者とは誰か

それでは，次に「異文化」とか「他者」といった存在との出会いの場面を考えてみましょう．

カオリさんのように，海外旅行にいけば，手っ取り早く異文化体験！　と思われるかもしれません．しかし，必ずしもそうとは限りません．たとえば，日本人ツアーガイドに引率された完璧なパック旅行の場合，ほとんど全身が自文化につかったままであり，その異文化へのまなざしはのぞき見程度です．確かに異文化の空気を吸ってくるでしょうが，なかなか深い洞察にはつながらない

でしょう．

　そもそも，海外に出るしか他者（異文化）との遭遇がないという訳ではありません．身近なところにも，そうした出会いはたくさんあります．

　たとえば，日本にやってくるさまざまな他者（異文化）との出会いもあります．日本で生活するマイノリティとの出会いは，他者にとって，大勢をしめる日本社会がどのようにみえているのか，ということを見つめ直すきっかけになるでしょう．

　また，日本国内でも，見知らぬ顔をした「日本」に出会うことがあります．

　筆者は東京で生まれ育ちましたが，夫は関西出身です．何かを食べているときに，彼が「これ，からいね」といったとき，私には彼が何をさして「からい」といっているのかが，わかりませんでした．テーブルの上には私にとって「からい（辛い）」ものは何もありません．そうこうするうちに，彼のいう「からい」は，私のいう「しょっぱい（塩辛い）」であることが，判明．

　夫からすれば，東京の「うどん」は関西の「うどん」と，たまたま音（名前）は同じだけど，まったく異なる食べ物である，ということになります（彼によれば，もちろん，関西のうどんが「本物」です．こうした「正統性」の主張もエスノセントリズムの特徴のひとつです）．お正月にいただくお雑煮も，名称と中身が一対一対応ではない典型例です．

　また，私が初めて，関西で電車に乗ったとき，周りを取り囲むかしましい関西弁に，何ともいえない居心地の悪さを覚えたことも一例にあげられるでしょう（関西弁がかしましく聞こえるというのは，関東人のエスノセントリズムですね）．このような食べ物や言葉による異文化衝突は，同じ日本人ゆえに暗黙のルールの共有がはたされているとなまじ勘違いしているだけに，根深い対立を引き起こします．まさに当たり前の認識をめぐるエスノセントリズムの衝突といえるでしょう．

　こうした関東と関西といった地域の相違だけではなく，都市と農村，海と山にも，それぞれの生活に根づいた文化の相違が数多くみられます．

　さらに，下位文化（サブカルチャー）に目を向ければ，グラデーションをもつ

にせよ，ジェンダーアイデンティティに基づく性差，年齢（世代），健常―障がい，階層や職業などの相違も，異文化体験につながる要素をもっています．たとえば，第2次世界大戦以降の急激な社会・経済的な変化や情報化の進展は，明らかに世代間に大きな差異をもたらしましたし，健常者は障がい者の生活世界の日常に思い至ることはなかなかないからです．そうした不可視の存在を，可視化する作業が異文化との出会いなのです．

5 ✱✱ 「族」と「人」

では，異文化へのまなざしの具体例をみていきましょう．

わかりやすい事例としては，言葉の問題があります．テレビや新聞など報道メディアは，国家を構成する人びとの集団，社会集団をさす言葉として，「～族」または「～人」を使っています．

そして，しばしばアフリカなどにおける民族紛争の際には，「ツチ族」と「フツ族」などと「族」を使っています．これに対して，ヨーロッパの旧ユーゴスラビア，ロシアのチェチェンにおける紛争の際には，ボスニア人，チェチェン人と「人」を用いています．民族の相違，宗教の違い，文化の差異，政治的・経済的な対立．アフリカでもヨーロッパでも，そうしたさまざまな要因で人間と人間が殺しあっている，血と血を流しあっている，その事実に違いはありません．けれども，行われている場所がアフリカであると「族」を使い，ヨーロッパであると「人」という字をあてていいます．

これは，なぜなのでしょうか．なぜツチ人，あるいはボスニア族とはいわな

---

7) 性自認（心の性）ともいわれます．生物学的な性差とは無関係に，自分を男性であると認識しているか，女性であると認識しているか，ということです．ジェンダーについては，第7章を参照して下さい．
8) スチュアート　ヘンリ『民族幻想論――あいまいな民族つくられた人種』解放出版社　2002年を参照して下さい．

いのか．私たちは「日本人」と自称していますが，「日本族」，「ヤマト族」と呼ばれたら，どう感じるでしょうか．

このようなことは，社会や文化，そして文化の核をなしている言葉の問題といえます．同時に，これはイメージの問題でもあります．イメージというのは，価値観や世界観と関わる，つまり文化と関わる問題です．イメージと言葉は，文化の中で互いに鏡を見合っているような密接な関係にあるのです．

「族」と「人」の場合，慣用としては，「族」よりも「人」の方が高等であるというニュアンス，イメージが強いようです．つまり，ヨーロッパ的な近代国家，国民国家を作り上げた集団を「人」と表現し，かつて「未開」とされ，国家形成をしなかった集団を「族」と表すことが多いのです．付け加えますと，興味深いことに，同じ漢字を使う民族でも中国では，また意味が逆転してしまいます．中国の民族政策では，国家が認定した民族集団を「族」で表し，国家に認定をまだ受けていない文化集団を「人」で示しています．

このような言葉の使い分けは，私たちのイメージ，つまり文化の産物であり，さらにメディアがそれを使い続けることによって，補強されたり，増殖されたり，捏造されたりしていきます．

さて，筆者は長い間ニュージーランドで，文化人類学の現地調査を行っています．ニュージーランドは英語留学の行き先として人気があることからもわかるように，日本では英語圏の社会としてイメージされています．しかし，1840年にイギリスの植民地となり，ヨーロッパ人が入植するかなり以前から，ニュージーランドにはポリネシア系先住民族のマオリ（Maori）が社会を形づくっていました．したがって，ニュージーランド社会は単純な英語文化ではなく，マオリ文化もあわせもっています[9]．けれども，ニュージーランドに対する日本人のイメージは，英語文化と「羊」にいちじるしく偏っています．いったい，

---

9) マオリ語は 1987 年には，ニュージーランドの公用語にもなっています．また，積極的に移民を受け入れるため，1990 年代以降，対外的には多文化主義を掲げています．

第 12 章　異文化へのまなざし　201

メディアはニュージーランドの人びとをどう表現しているのでしょうか.

　一般に,ニュージーランド国民をさす場合は,「ニュージーランド人」と表現されています.しかし,同じニュージーランド人のカテゴリーに入っているにも関わらず,単独でマオリをさす場合,その多くが「マオリ族」と表現されています.

　最近の事例としては,2002 年 12 月に,日本の皇太子夫妻がニュージーランドを訪問した際,「マオリ『族』の『戦士』から『伝統的な』挨拶をうける」(『』は筆者)という報道がありました[10].ことさらに猛々しく,いかにも「族」を強調したそれらしいアングルで,いかつい戦士が皇太子夫妻に歓迎の儀礼を行い,鼻と鼻をふれあうマオリの「伝統的な」挨拶をしている映像が,テレビで放映されました[11].朝のワイドショーで取り上げられた際には,「マオリ族」という字幕つきで映像が紹介され,出演者は「マオリ族」という言葉を使いながら「わぁ～こわいなぁ～」とか,「ユニークな挨拶」といった表現を繰り返していました.そして,儀礼の内容そのものについては,「たぶん」,「おそらく」,「～らしい」といった語句の中で,勇者を迎え入れる意味が曖昧に触れられただけにすぎません (2002 年 12 月 13 日　フジテレビ「とくダネ!」).

　こうした報道によって,皆さんは,マオリに対してどのようなイメージをもつでしょうか.

---

10)　朝日新聞では「先住民マオリ」,毎日新聞では「先住民族マオリ人」,読売新聞では「先住民族のマオリ族」と表現されました (いずれも,2002 年 12 月 12 日).ちなみに,読売新聞の全文は以下の通りです.「ご夫妻は,まず先住民族のマオリ族の長老らと,互いの鼻の先を触れ合わせる『ホンギ』と呼ばれるあいさつを交わして握手.続く儀式では,九人のマオリ戦士が独特の叫び声を上げてヤリをかざすなど,挑発的なポーズで皇太子さまに迫り,皇太子さまが地面に置かれたやじりを拾ってかざされると,これが正式な迎え入れの印となり,戦士たちは歓迎の呼びかけとダンスを披露した」.

11)　日常的に西欧的生活様式をしているマオリが,こうした儀礼的な場面や観光の側面では,ことさらに「伝統的な」様相を強調することは,文化復興運動や「伝統の創造」との関連で考察されます.橋本和也『観光人類学の戦略——文化の売り方・売られ方』世界思想社　1999 年,ホブズボウム,E・レンジャー,T.『創られた伝統』紀伊國屋書店　1992 年を参照して下さい.

無意識に見逃してしまいがちですが，「族」と「人」という表現には，異文化へのまなざしが隠されていたのです．

6 ** 異文化へのまなざし

もうひとつ，異文化へのまなざしを考える話題を次のページの枠内にあげた新聞記事からみてみましょう．

ある旅行会社は1996年の夏に「青い空と海，白い砂浜を背景に，トンガ国王のタウファハウ・ツポウ4世が正装姿で微笑み，首にレイをさげた女優が国王の左腕に右手を回して寄り添う」といったイメージ写真を合成写真で制作しました．これに対して，朝日新聞社によれば旅行会社はトンガ王国から「国王が女優と浜辺で腕を組む合成写真を勝手に作られ，広告に使われて国の名誉を傷つけられた」として訴えられ，旅行会社側が解決金約2000万円を支払うことで和解したものです．トンガでは男女が公然と腕を組むことは宗教観からタブーとされ，「国王が女性と公然と腕を組むことは権威や風習，宗教観から許されず，広告は国や国王の名誉を傷つけた」ため，旅行会社側は「異文化への配慮が足りなかった」と謝罪した，という記事になっています．

この事件から，何が読みとれるでしょうか．

まずは，「青い空と海，白い砂浜を背景に」といういかにもステレオタイプな南海の楽園イメージの複製があげられます．旅行会社のパンフレットをみてみると，ハワイであれ，グアムやサイパンであれ，太平洋の島々はまるで，すべて同じ顔をもっているかのようです．しかし，それ以上に問題なのは，やはり国王を登場させたことと，国王と女性との身体接触です．トンガはポリネシア文化圏に属し，そこでは社会内部に「伝統的な」身分の上下があり，もっとも上位に位置する者は王族一家であり，貴族です．中でも国王は非常に強いマナ（mana：権威や威信，超自然的な力）をもっていると考えられ，国王に触れることはもってのほかであり，タプ（タブー）[12)]とされています．国王にはあまりに

も強い力が宿っているため，触れることでそれが平民に流れ，危険と考えられているからです[13]．また，公の場面における男性と女性の身体接触も，慎むべきこととされています．

> トンガ国王と宝塚女優，腕組み笑顔
> ## お国のタブー広告に
> 解決金 2000 万円で和解
>
> 　トンガ王国が「国王が宝塚歌劇団の女優と浜辺で腕を組む合成写真を勝手に作られ，広告に使われて国の名誉を傷つけられた」として，阪急交通社（本社・大阪市）と広告会社に慰謝料約1億円と謝罪広告の掲載を求めた調停が大阪簡裁であり，阪急側が解決金2千万円を支払うことで和解していたことが21日，わかった．トンガでは男女が公然と腕を組むことは宗教観からタブーとされ，阪急側は「異文化への配慮が足りなかった」と謝罪したという．
> 　広告は96年夏，近畿圏発行の全国紙5紙の夕刊に1ページ全面で一斉に掲載され，阪急電鉄の駅や車内にも掲示された．青い空と海，白い砂浜を背景に，トンガ国王のタウファアハウ・ツポウ4世が正装姿でほほ笑み，首にレイをさげた当時の歌劇団娘役トップの女優が国王の左腕に右手を回して寄り添う．
> 　関係者によると，阪急側は広告を掲載する約1ヵ月前に国王を訪問し，全身のポーズ写真を撮影した．帰国後，女優や風景の写真をコンピュータで合成処理し，2人が浜辺で腕を組む姿に仕立てた．掲載後，トンガ側は「事前に十分な説明がなかった」として，阪急側に抗議したという．
> 　これに対し，阪急側は「撮影前，国王本人にイメージ図を示し，了解を得ている」と反論．このためトンガ側は98年秋，合成写真やネガを回収する目的で大阪地裁に証拠保全を申し立てて認められたが，執行官が広告会社へ出向いた時には廃棄されていたという．
> 　さらにトンガ側は00年春，「国王が女性と公然と腕を組むことは権威や風習，宗教観から許されず，広告は国や国王の名誉を傷つけた」として，調停に踏み切った．

出所：『朝日新聞』2002年6月22日付朝刊より引用

---

12) タプとは，神聖不可侵，掟，聖なる禁忌を意味します．日本語にもなっているタブー（taboo）はポリネシア語のタプ（tapu）が英語化したものです．
13) 青柳まちこ『女の楽園トンガ』三修社　1984年を参照して下さい．

この記事に対して，文化人類学者山口昌男も旅行会社は「情報を十分に吟味すべきだった」とのコメントを寄せていますが，このようなトンガの文化的な背景や世界観をまったく省みることもなく，旅行会社が自分に都合良く国王と女優や風景の写真を合成させることで，2人が浜辺で腕を組む姿に仕立て上げたのは，トンガ社会や文化に対してあまりにも無頓着でした．まさに自分勝手なゆがんだ異文化へのまなざしであり，イメージの捏造であるといわざるをえません．

グローバリゼーションが進み，資本主義経済が席巻する中で，世界中が観光化されつつあります．太平洋に浮かぶ島国も例外ではありません．そこに人は異なる世界，異文化を求めて観光に行くはずですが，それを企画する旅行会社自体が異文化に対する気配りを怠っているようでは，異文化理解への旅はますます遠のいてしまうでしょう．

7 ** フィールドワークという方法

では，異文化と関わる力を養うために，文化人類学者たちが実践している方法論を紹介しましょう．それは，フィールドワーク (fieldwork)，現地調査といわれるものです．[14]

人類学を「人間の科学」と位置づけ，フィールドワークをその中心的なアプローチとして確立したのは，ポーランド生まれの人類学者マリノフスキー (1884-1942) です．マリノフスキーはイギリスで人類学を修め，第1次世界大戦前後にパプアニューギニアで調査を行いましたが，とくに知られているのが，1915〜18年にかけて2度行われた，トロブリアンド諸島におけるフィールド

---

[14] フィールドワークについては，須藤健一編『フィールドワークを歩く　文科系研究者の知識と経験』嵯峨野書院　1996年，関本照夫「フィールドワークの認識論」伊藤幹治・米山俊直編『文化人類学へのアプローチ』ミネルヴァ書房　1989年を参照して下さい．

ワークです．このフィールドワークの成果は 1922 年に『西太平洋の遠洋航海者』という民族誌にまとめられました．[15]

　この本の序章の中で，マリノフスキーはフィールドワークの重要性と科学的手法について述べていますが，その手法は「参与観察法（participant observation）」と呼ばれるものです．ごく簡単にいえば，長期間をかけて，現地の言葉を覚えつつ，現地の人びとと生活しながら（主体的参与），記録を重ねる（客観的観察）方法です．いいかえれば，長い時間，現地の社会に住み込んで，現地の人びとが常識としている慣習やものの見方考え方を学ぶことです．

　フィールドワークに入るということは，人類学者にとって，異文化を知ることであると同時に，自文化に対する縛りを再認識することであります．つまり，現地の人びととの間で暮らすことによって，普段，隠されていた自己の姿と向き合うことになり，いかに自分自身が自文化にからめとられているか，ということがわかってきます．対象社会と深く関われば関わるほど，自文化と異文化のはざまで引き裂かれ，アイデンティティは曖昧になっていきます．こうした微妙なバランスの中で，人類学者は 2 つの社会や文化の有り様を全体から見つめ直し，相対化し，問い直すようになるのです．フィールドワークはいわば，一人前の人類学者になるための，通過儀礼ともいえるでしょう．[16]

8 ** フィールドでの出来事

　筆者がニュージーランドで先住民族マオリの社会に入り，フィールドワークをしていたとき，マオリの神々の話になったことがあります．現在，マオリはほとんどがキリスト教化していますが，宣教師団がやってくる以前は，日本神

---

15) マリノフスキー，B.「西太平洋の遠洋航海者」『世界の名著 59』中央公論社　1967 年を参照して下さい．
16) 通過儀礼とは人生の節目に行われる人生儀礼や，社会的なある境界を通過して，別な段階に至るときに行われるさまざまな儀礼をさします．

話にも似た創世神話をもち，森羅万象に神々が宿る，壮大な神々の系譜をもっていました．その天地創世は母なる大地の神パパと父なる天空の神ランギから始まるのですが，キリスト教との接触以降，唯一神イオも登場するようになった，といわれています．一般にイオはイエス・キリストを知ってから，マオリの神々の体系に付け加えられたのであろう，と解釈されています．

しかし，筆者にマオリの神々の話をしてくれたインフォーマント（informant：情報提供者）は，イオは昔からいた，と主張し，イオはあまりにも聖性が高かったため，長い間，秘密にされていたのだ，と説明しました．筆者は，こうした説明がされがちであるということを読んだことがあったため，インフォーマントに疑問を投げかけたところ，彼の返事は「それはヨーロッパ人のいうことだ．マオリの神話を語るのに，マオリ自身の言葉と，ヨーロッパ人の言葉とどちらを信用するのか」というものでした．「ヨーロッパ人はマオリの『知』を盗む」というようないい方でした．

このような経緯から，どのような問題が浮かび上がってくるでしょうか．

文化の記述はインフォーマントとの相互作用のプロセスを解釈しなくてはなりません．インフォーマントの語りを文化の文脈の中でとらえなおせば，文化の「正統性」や「純粋性」，「伝統（あるいは，伝統の創造）」の問題にたどりつきます．あるいは，文化を語る（権利・力をもっている）のは誰か，という問題もまた重要でしょう．同時に，筆者自身がどちら側の立場に立って話を聞いているのかを，深く考えさせられる一件でした．

人類学者は現地社会の中で共に人びとと暮らすことによって，「彼ら自身の本当の心，ものの見方」を知ることができるとマリノフスキーは説きました．しかし，マリノフスキー自身が「わけのわからない世界観」の中で暮らす孤独や葛藤について，赤裸々に述べています．[17] フィールドで人類学者は，さまざ

---

17) マリノフスキー，B.『マリノフスキー日記』平凡社　1987年を参照して下さい．

な葛藤にさらされています．人類学者自身が対象社会でみられる存在でもあり，試される存在でもあるからです．

9 ** 異文化理解 ——むすびにかえて——

ここまで述べてきたように，異文化を知るということは，自文化をある種の鏡に写してみてみるようなものです．けれども，異文化理解とは，他者を自己に引きつけて，自文化のものさしで理解することではありません．それでは差異性を否定することにつながってしまいます．また同時に，差異そのものを絶対視し，決めつけてしまうのも問題です．つまり，他者の差異性をみとめつつ，それが差別につながらないような相対化をはかること，しっかりと見つめる目と，解釈する力や共感する心が必要になってきます．

そして，異文化社会の一員となり，信頼関係を築き上げられるような異文化体験は，自文化理解の扉を開く旅につながります．

皆さんも，異文化体験，異文化理解，そして自文化理解の旅にでかけませんか．

(内藤暁子)

参考文献

稲賀繁美「異文化理解の倫理に向けて」杉島敬志編『人類学的実践の再構築――ポストコロニアル転回以後』世界思想社　2001年

サイード，E.『オリエンタリズム』平凡社　1993（原著1978）年

スチュアート　ヘンリ『民族幻想論――あいまいな民族つくられた人種』解放出版社　2002年

関本照夫「文化の違いを見る目の違い」『東京大学公開講座　異文化への理解』東京大学出版会　1988年

田辺繁治・松田素二編『日常実践のエスノグラフィ――語り・コミュニティ・アイデンティティ』世界思想社　2002年

波平恵美子『生きる力をさがす旅――子ども世界の文化人類学』出窓社　2001年

浜本満「差異のとらえ方」青木保他編『思想化される周辺世界』（岩波講座・文化人類学12）岩波書店　1996年
ボブズボウム，E.，レンジャー，T.『創られた伝統』紀伊國屋書店　1992（原著1983）年
ホール，E.『かくれた次元』みすず書房　1984（原著1966）年
松田素二・川田牧人編『エスノグラフィ・ガイドブック──現代世界を複眼で見る』嵯峨野書院　2002年
マリノフスキー，B.「西太平洋の遠洋航海者」『世界の名著59』中央公論社　1967（原著1922）年
マリノフスキー，B.『マリノフスキー日記』平凡社　1987（原著1967）年
宮永國子『人類学的出会いの発見』世界思想社　1994年
ムーアヘッド，A.『運命の衝撃──南太平洋，未開と文明の邂逅』早川書房　1967（原著1966）年
山下晋司・船曳健夫編『文化人類学キーワード』有斐閣　1997年
リーチ，E.『文化とコミュニケーション──構造人類学入門』紀伊國屋書店　1981（原著1976）年

執筆者 (執筆順)

中西　祐子（第1章）
最終学歴：お茶の水女子大学大学院博士課程人間文化研究科修了
現職：武蔵大学社会学部助教授
主要業績：『学校をジェンダー・フリーに』（共著，明石書店，2000年）
　　　　　『日本の階層システム(3)』（共著，東京大学出版会，2000年）
　　　　　『ジェンダー・トラック』（東洋館出版社，1998年）

矢田部　圭介（第2章）
最終学歴：慶應義塾大学社会学研究科後期博士課程所定単位取得退学
現職：武蔵大学社会学部助教授
主要業績：『象徴的支配の社会学——ピエール・ブルデューの認識と実践』（共著，恒星社厚生閣，1999年）
　　　　　『現象学的社会学は何を問うのか』（共著，勁草書房，1998年）

小川　正恭（第3章）
最終学歴：東京都立大学大学院社会科学研究科博士課程単位取得退学
現職：武蔵大学社会学部教授
主要業績：『寒川町史　別編　16　ダイジェスト』（共著，寒川町，2003年）
　　　　　『オセアニアの現在——持続と変容の民族誌』（共著，人文書院，2002年）
　　　　　『ライフスタイル考現学』（共著，御茶の水書房，2001年）

大村　好久（第4章）
最終学歴：東京大学大学院教育学研究科博士課程単位取得退学
現職：武蔵大学社会学部教授
主要業績：『国際化時代の社会学』（共著，御茶の水書房，1996年）
　　　　　『家族生活の社会学（改訂版）』（共著，学文社，1981年）

橋本　健二（第5章）
最終学歴：東京大学大学院教育学研究科博士課程単位取得退学
現職：武蔵大学社会学部教授
主要業績：*Class Structure in Contemporary Japan,* Trans Pacific Press, 2003
　　　　　『階級社会日本』（青木書店，2001年）
　　　　　『現代日本の階級構造——理論・方法・計量分析』（東信堂，1999年）

国広　陽子（第6章）
最終学歴：慶應義塾大学大学院社会学研究科後期博士課程所定単位取得退学〈博士（社会学）学位取得〉
現職：武蔵大学社会学部教授
主要業績：「現代日本のジェンダー変容と『ここがヘンだよ日本人』」（『慶應義塾大学メディア・コミュニケーション研究所紀要』No.53, 2003年）
　　　　　『主婦とジェンダー』（尚学社，1999年）
　　　　　『女性問題キーワード111』（共著，ドメス出版，1997年）

山嵜　哲哉（第 7 章）
最終学歴：早稲田大学大学院文学研究科社会学専攻博士後期課程単位取得退学
現職：武蔵大学教授
主要業績：『団塊世代・新論──〈関係的自立〉をひらく』（共著，有信堂，2001 年）
　　　　　『現代生活と人間』（共著，晃洋書房，1993 年）
　　　　　『現象学的社会学の展開』（共著，青土社，1991 年）

栗田　宣義（第 8 章）
最終学歴：上智大学大学院文学研究科社会学専攻博士後期課程単位取得退学〈博士（社会学）学位取得〉
現職：武蔵大学社会学部教授
主要業績：『社会運動と文化』（共著，ミネルヴァ書房，2002 年）
　　　　　『歴史的環境の社会学』（共著，新曜社，2000 年）
　　　　　『トーキングソシオロジー』（日本評論社，1999 年）

戸田　桂太（第 9 章）
最終学歴：早稲田大学第一文学部文学科仏文専修
現職：武蔵大学教授
主要業績：『人間はなにを食べてきたか』（共著，NHK 出版，1985 年）
　　　　　『塹壕のマドンナ（NHK スペシャル取材記）』（共著，NHK 出版，1985 年）
　　　　　「NHK スペシャル　大モンゴル」などテレビ番組多数

大屋　幸恵（第 10 章）
最終学歴：早稲田大学大学院文学研究科社会学専攻博士後期課程単位取得退学
現職：武蔵大学社会学部教授
主要業績：「写真メディア再考── P. ブルデュー『写真論』および『写真に関する意識調査』から」
　　　　　（『武蔵大学総合研究所紀要』No.12，2002 年）
　　　　　「創られる感覚，組織化される身体──イデオロギー装置としての〈芸術〉」（『ソシオロジスト』第 3 号，2001 年）
　　　　　『茶道学大系第一巻　茶道文化論』（共著，淡交社，1999 年）

武田　尚子（第 11 章）
最終学歴：東京都立大学大学院社会科学研究科博士課程修了
現職：武蔵大学社会学部助教授
主要業績：『マニラへ渡った瀬戸内漁民──移民送出母村の変容』（御茶の水書房，2002 年）

内藤　暁子（第 12 章）
最終学歴：立教大学大学院文学研究科博士課程後期課程単位取得退学〈博士（文学）学位取得〉
現職：武蔵大学社会学部教授
主要業績：『オセアニアの現在──持続と変容の民族誌』（共著，人文書院，2002 年）
　　　　　『都市の誕生──太平洋諸国の都市化と社会変容』（共著，アジア経済研究所，2000 年）
　　　　　『社会変容と女性──ジェンダーの文化人類学』（共著，ナカニシヤ出版，1999 年）

社会学と過ごす一週間

| 2003年4月30日 | 第一版第一刷発行 |
| 2005年4月20日 | 第一版第二刷発行 |

©編 者 ソシオロジスト編集委員会

発行者 田 中 千津子

カット／山口マオ

JASRAC 出 0304374-402

発行所 ㈱ 学 文 社

郵便番号153－0064　電話 (03) 3715－1501 (代表)　振替00130－9－98842

東京都目黒区下目黒3-6-1

乱丁・落丁本は，本社にてお取替え致します。　印刷／株式会社亨有堂印刷所
定価は，カバー，売上げカードに表示してあります。〈検印省略〉

ISBN4-7620-1250-5　　http://www.gakubunsha.com